ADRIEN MITHOUARD

Le Tourment de l'Unité

PARIS
SOCIÉTÉ DV MERCVRE DE FRANCE
XV, RVE DE L'ÉCHAVDÉ-SAINT-GERMAIN, XV

MCMI

LE TOURMENT DE L'UNITÉ

DU MÊME AUTEUR

RÉCITAL MYSTIQUE (*Lemerre*). . . . . . . 1 vol.

L'IRIS EXASPÉRÉ (*Lemerre*). . . . . 1 vol.

LES IMPOSSIBLES NOCES (*Mercure de France*). 1 vol.

LE PAUVRE PÊCHEUR (*Mercure de France*). . 1 vol.

ADRIEN MITHOUARD

Le
Tourment de l'Uni

PARIS
SOCIÉTÉ DV MERCVRE DE FRANCE
XV, RVE DE L'ÉCHAVDÉ-SAINT-GERMAIN, XV

MCMI

LIVRE I

—

UNITÉ

DE LA BEAUTÉ

I

DE LA BEAUTÉ

Un beau vase, un beau Diaz, une belle phrase. Il faudrait enfin savoir ce qu'il peut bien être de commun entre ces trois choses-là, et encore entre tant d'autres auxquelles nous attribuons une même qualité indéfinie. Il vaut la peine d'y songer, car on se trouve en souffrir, encore que la souffrance soit délicieuse. Le sens de ce mot imprécis fait pleurer les hommes.

*
* *

La science a résolu de regarder en face le sphinx de la Beauté. A force d'autorité, elle le fait reculer de temps en temps d'un pas.

Mais la belle avance : le monstre charmeur a l'immensité derrière lui pour rétrograder. Pour épuiser tout de suite son secret, il faudrait être plus qu'un homme, — à moins, ruse expéditive, défi de l'éphémère, de se contenter pour en savoir le plus possible le plus tôt possible, d'être intensément un homme... La mécanique de l'idéal, qu'il est peut-être possible d'établir, en mesurerait bien la révolution, mais elle ne nous apprendrait pas à être les gens qu'il faut pour le discerner. On la devrait compléter d'une pédagogie et d'une morale. Voilà bien des embarras. D'ailleurs rendra-t-on jamais compte de chaque œuvre dans ses rapports avec chaque homme qui passe devant elle ? Selon que le remarquait à tout propos Delacroix, les points de vue sont innombrables, et la science qui prétendrait en rendre raison devrait s'armer d'algèbres effrayantes. Une géométrie à cent dimensions serait-elle abordable ? Il est vrai que pour nous garder des moindres erreurs et pour nous soulager dans un si complexe effort, notre impérissable goût des élégances et nos jolis instincts de joie sensuelle nous resteraient. Rien n'empêche donc de les interroger d'abord.

Je pense quant à moi, qui n'ai pas choisi mon heure et qui suis bien obligé de vivre aujourd'hui, qu'il sied d'en user d'une autre manière. Il me paraît plus expédient, pour connaître la vraie nature de la Beauté, de s'interroger soi-même à mesure qu'on en jouit, et de se fier sagement à ses impressions que de recourir à la méthode des sciences exactes. Car nous portons à tout instant en nous-mêmes des synthèses toutes faites, nous ne vivons que de cela : il n'y a qu'à puiser. Il est certain que ces synthèses sont de valeur inégale, selon qu'on est celui-ci ou celui-là. Certaines généralisations hâtives et illégitimes ne sont que des amalgames d'instincts, d'intérêts, d'erreurs, de vices, de préjugés, d'amour-propre. Mais on se peut garder de cette monnaie fausse avec de l'honnêteté et de la justesse d'esprit. Il n'est que de posséder ces avantages, de savoir qu'on les possède et de n'en pas abuser. C'est la théorie de la grâce ? Si vous voulez. Mais puisque la certitude absolue m'est ici refusée sur des matières où l'ignorance m'est insupportable, je prétends me retirer d'une méthode inhumaine qui, pour me renseigner, me demande plus de délais que je ne lui en peux fournir et m'adresser plutôt à ce jugement que j'ai en moi, si toutefois je vaux la peine de m'interroger, à ce sens qui perpétuellement résume et compare les notions acquises et ne s'arrête dans son travail que s'il les a accordées à la dernière précision dont il était capable. Si je l'estime assez pour lui confier la direction de ma vie, comprendrait-on qu'il fût sans valeur quand il s'agit de venir en aide à ma pensée ? Une manière d'être qui est commune à quatre ou cinq chefs-d'œuvre me pourra fournir, à défaut d'une certitude inattaquable, des probabilités suffisantes sur la nature de la Beauté et ainsi pourrai-je avoir plus rapidement accès jusqu'à l'aperception des ensembles, qui est mon seul souci. Après tout, cette méthode, si c'en est une, ne ressemble-t-elle pas un peu à l'induction probable de M. Poincarré ? Il est donc ici moins important de parvenir à des démonstrations parfaites et authentiques sur quelques faits que d'acquérir rapidement des probabilités sur un grand nombre. La quantité est plus précieuse que la qualité des certitudes. Car il ne s'agit pas seulement de découvrir la vérité, mais de vivre maintenant avec elle, avec elle tout entière.

* * *

La Beauté peut être envisagée soit dans les objets externes qui en portent le signe, soit dans les impressions qu'ils nous font éprouver. Mais si nous regardons l'univers extérieur où elle se manifeste, ce qu'il révèle de plus frappant, c'est l'unité selon laquelle s'ordonne non seulement tout ce qui vit, mais même tout ce qui existe. Et si nous nous examinons nous-mêmes, ce qu'il y a de plus simple et de plus général en nous, c'est aussi l'unité que, par le seul fait de vivre, nous réalisons entre toutes les parties de notre individu. Voilà donc quelque chose de commun à ces deux mondes subjectif et objectif qu'elle se partage, et quelque chose assurément de primordial. La Beauté ne serait autre que le sentiment même de cette Unité.

A la base de l'univers, un obscur amour associe les molécules, la cohésion les organise. Les astres tendent vers l'unité par leur pesanteur, qui les fait dévier d'un mouvement initial pour graviter ensemble. Si leur élan premier les abandonnait, ils se briseraient en se réunissant. Cependant un ordre immuable se révèle partout, chaque chose cherche sa place et s'attache obstinément à sa forme, l'univers n'a pas de distraction, il ignore la perversité, son ordre seul l'occupe. Le bois ne manque jamais de flotter sur l'eau. Brisez un cristal en formation, la blessure se cicatrise et le polyèdre se répare. « Le cœur de la nature est partout musique », dit Carlyle. La vie à son tour s'organise par l'attrait que les créatures ressentent les unes pour les autres : l'amour est la torture de deux êtres qui se veulent donner l'illusion de s'unir et l'enfant conjugue les sangs de ses deux auteurs en une seule et même chair. Quand Dieu fit l'homme à son image, ce fut donc qu'il lui inspira cette passion de reproduire l'Unité divine, de vouloir sans repos restituer son Auteur. C'est ainsi par une intuition inconsciente de Dieu que toutes choses se multiplient et se recréent. L'activité du monde est cette contemplation. L'homme ne pense qu'en réunissant des idées. Il ne survit que grâce à l'association des cellules sociales. Pas une de ses notions ne se transforme qu'elle ne détermine l'évolution de toutes les autres. Voici qu'un siècle a demandé à la science de se faire utile : aussitôt une morale utilitaire se dégage. L'Unité organise éternellement l'inconscient et elle se fait mirage et splendeur afin de ravir l'homme conscient. Et Jésus s'est incarné pour répéter la parole du premier jour : *Unum sint.*

La notion de la Beauté achève cet ordre. Elle est une sensation d'unité que nous procure l'ouvrage harmonieux [1]. Ainsi l'art est-

---

1. « Omnis porro pulchritudinis forma unitas est. » (Saint Augustin.)

« Unio sive unitas est rerum inter se distantium communis convenientia quædam. » (Saint Athanase.)

« Ne faut-il pas reconnaître qu'il y a au-dessus de nos esprits

il une restitution de l'origine des êtres, une recherche de Dieu par induction, un irrésistible retour vers le premier moment de la Genèse, la conquête humaine du divin et comme la conscience métaphysique des peuples. « L'art, dit Stendhal, est une promesse de bonheur. » Je l'entends bien ainsi. Aussi fut-il pleuré à cause de lui des larmes délicieuses. Les philosophes ont noté la profonde tristesse dont s'enveloppe l'émoi du Beau. Or Hello voyait dans les larmes la parole de la relation sentie et dans le rire la parole de la relation brisée : où se connaît l'essence de la Beauté, qui est d'être une relation. Et il y aurait aussi quelque folie à rire devant la *Vénus de Milo*.

Mais il est de belles choses qui ne sont pas harmonieuses : l'architecture égyptienne parfois m'écrase, des sites de la nature sont effrayants.

C'est que la *belle chose* s'offre à nous sous deux aspects. Tantôt elle est équilibrée en justesse, les parties en sont harmonieuse-

---

une certaine unité originale, souveraine, éternelle, parfaite, qui est la règle essentielle du beau? » (Diderot.)

ment coordonnées, une force centripète en rassemble toute la structure. Tantôt, au contraire, on la dirait tournée vers l'extérieur, une expression la brise, une influence étrangère la trouble, une force centrifuge la projette hors d'elle-même. C'est à l'unité encore qu'elle prétend : mais elle veut s'unir à l'univers.

De là vient qu'une estampe d'Hiroshighé n'est pas belle de la même façon qu'un paysage de Poussin.

Telle est l'hypothèse. Elle concilie les plus différentes esthétiques. Elle n'infirme ni Ch. Henry, ni Taine, ni même Aristote. Elle se trouvera vérifiée si elle est féconde. Ce qu'il serait vain de vouloir prouver, je m'emploie à l'éprouver. C'est le prétexte de ces pages.

* * *

Mais alors il va de soi que les méthodes scientifiques étaient contre-indiquées pour examiner une telle hypothèse. Car la Beauté vient là de nous apparaître toute pleine d'une vertu généralisatrice : relève-t-elle d'abord de l'esprit d'analyse ? Ne serait-ce pas commettre un contre-sens anticipé que de la prendre ainsi ? Emploie-t-on des ciseaux pour coudre ou des aiguilles pour couper une étoffe ?

Le portrait de la femme de Rubens assemble des éléments fort divers, les éclairages, les couleurs, les lignes, le modelé, l'expression, tant de choses que je ne puis analyser ! Il provoque en nous des pensées, des jugements, des sensations, et point toujours les mêmes. Mais tout cela s'unifie en un seul charme. Si l'on parvenait à faire l'exact départ de tant d'éléments et à les mesurer, la Beauté échapperait, car elle n'est rien de tout cela, mais l'ensemble. C'est un petit monde qui se résume dans une joie.

Je trouve du caractère généralisateur de la Beauté une autre démonstration probante dans les gammes lexicologiques de M. Maurice Griveau[1]. Dès que vous transportez un

---

1. Reprenant des idées déjà partiellement émises en ses précédents ouvrages, M. Griveau vient de publier tout récemment

mot du langage le plus simple sur le plan esthétique, le sens originaire s'étend aussitôt à plusieurs séries d'objets. Dire d'un tissu qu'il est *doux*, c'est qualifier sa résistance, rien de plus. Mais si l'ensemble d'une phrase confère au mot *doux* une valeur esthétique, ce mot pourra s'appliquer à la fois à des sons, à des saveurs, à des couleurs, à des sentiments. Dire d'un ciel qu'il est velouté, c'est prononcer une parole antiscientifique. C'est tout confondre pour tout entendre à la fois. Et il est certain encore qu'un mot de même sens ne se prêterait point dans une langue étrangère à la même transposition. Tant de puissance tient à rien.

Si donc la Beauté est cette surprise d'un ensemble, cette liaison fragile et instantanée, cet unique petit miracle de rapidité, ce furtif total de tant de choses, ce sera se conformer à l'esprit qu'elle porte en elle que de se contenter de la sentir pour en deviner l'essence.

sous ce titre : *la Sphère de Beauté* (Alcan), une esthétique vaste et originale, nouvelle en bien des points, considérable à coup sûr par la somme des réflexions qu'elle apporte et par la variété des faits qu'elle atteint, et qui repose initialement sur une classification de nos épithètes.

C'est encore le moyen de s'égarer le moins possible. Si je ne craignais de marquer quelque orgueil en disant une telle chose au seuil d'un tel livre, j'avancerais qu'on est soi-même un incomparable instrument de précision, que rien ne vaut tant pour se renseigner en ce cas que d'être le plus possible un esprit sain, juste et souple, un homme ainsi harmonieux. Je n'ose et ne le suis. Mais je suis un peu tout le monde qui échange, éprouve et compare ses idées. Ainsi puis-je m'enhardir d'un peu d'expérience empruntée et m'alléger d'autant d'orgueil.

HARMONIE

II

HARMONIE

Michel-Ange attribuait l'aspect harmonieux du Laocoon à ce qu'il était contenu dans une pyramide : Marc de Sienne lui aurait enseigné, dit-on, à ne faire ses figures que pyramidales, serpentines et multipliées par deux ou par trois. Il paraît aussi qu'Annibal Carrache défendait à ses élèves de mettre plus de douze figures dans un tableau : sans doute pensait-il tout simplement que ce nombre étant le plus élevé que l'on puisse clairement décomposer d'un seul coup, l'on s'expose à quelque confusion si on le dépasse : un peintre italien faisait ainsi observer la règle foncière de notre vers alexandrin…

De tout temps les artistes se sont montrés avertis de la vertu harmonieuse des nombres.

Les Grecs leur demandaient le secret des constructions parfaites. Aux nombres pairs ils préféraient les impairs et ils affectionnaient par-dessus tout les « puissances ». Il est remarquable que presque tout le théâtre connu comporte trois ou cinq actes et que les pièces de deux ou de quatre y soient exceptionnelles. Cela tient à coup sûr à la force d'unification que recèlent les nombres premiers. Les Gothiques en savaient aussi le pouvoir infaillible : le nombre *sept* avait leurs préférences, et la puissante perspective de leurs Cathédrales vient de ce qu'ils en équilibraient visiblement les poussées suivant le triangle équilatéral.

C'est de quoi se sont persuadés les moines contemporains de Beuron lorsqu'ils fondèrent leur école de peinture religieuse. Disciples de saint Benoît, rassemblés par dom Didier Lenz dans un site merveilleux sur les bords du Danube, ils professent que Dieu, ayant privé les peuples antiques de la révélation chrétienne, leur en a donné une autre, celle de la Beauté. De peinture religieuse, pensent-ils, il n'y en a pas encore eu; il n'en saurait être que lorsque les temps chrétiens auront emprunté à la Grèce le dogme de la Beauté pure. Aussi veulent-ils soumettre leurs œuvres aux proportions qui commandent l'art grec. Ils les mesurent et ils s'y conforment étroitement. C'est selon cette sèche discipline qu'ils ont ordonné les calmes décorations du mont Cassin et du mont Athos. Ce sont les ascètes de l'harmonie...

* * *

C'est que le procédé par lequel les artistes mettent de l'unité dans leur œuvre consiste toujours à emprunter aux nombres leur vertu[1]. Le résultat de l'opération, c'est l'harmonie. La preuve de l'opération, c'est la Beauté.

1. « Dieu nous a donné le nombre et c'est par le nombre que l'homme se prouve à son semblable. Otez le nombre, vous ôtez les arts, la science, la parole et par conséquent l'intelligence. Ramenez-le, avec lui apparaissent ses deux filles : l'harmonie et la beauté. L'intelligence comme la beauté se plaît à se contempler ; or, le miroir de l'intelligence, c'est le nombre. De là le goût que nous avons tous pour la symétrie, car tout être intelligent aime à placer et à reconnaître de tous côtés son signe, qui est l'ordre. » (Joseph de Maistre.)

L'harmonie consiste à présenter plusieurs éléments liés ensemble par un rapport. Plus ce rapport, qu'on peut exprimer par des chiffres, sera simple, mieux ces éléments seront harmonisés. La note qui, par exemple, résonne le plus pleinement avec la tonique est la quinte, qui est sa première *harmonique*. Elle se chiffre par 3/2. Ce qui nous satisfait ici, c'est l'abaissement du dénominateur. Une seule chose nous intéresse, la tendance vers l'Unité.

Les exemples en abondent dans les proportions de l'architecture ancienne. Ainsi, au temple de Pœstum, la hauteur des colonnes est de trente pieds; d'autre part, celle de l'architrave est de cinq pieds, celle de la frise de cinq pieds, celle de la corniche de cinq pieds, ce qui donne quinze pieds pour l'entablement. La hauteur de l'entablement et celle des colonnes sont donc par rapport à la hauteur totale, comme *un* est à *trois* et comme *deux* est à *trois*.

Ce qui montre que, seule, la tendance vers l'Unité importe ici, c'est le cas de la symétrie. Lorsque deux masses sont mises en opposition, c'est-à-dire lorsque nous atteignons au rapport 1/2, nous sommes si proches du but arithmétique que l'unité se fait d'elle-même. Dans un tableau dont la composition comporte deux pendants, le moindre incident de milieu prend une valeur considérable. Il est évident que si l'on représente un Christ entre deux larrons, c'est le Christ qui vous frappe d'abord. Mais même si le milieu n'est occupé que par un rien, une fenêtre ouverte, une fleur, c'est ce rien qui nous attire : même l'espace laissé vide y peut être d'une grande beauté.

De plus, l'harmonie possède cette propriété des mathématiques de ne compter que des objets de même nature. Elle supprime l'autonomie et la valeur propre des choses qu'elle assemble. Chaque pierre avant d'être incorporée à l'édifice relevait de la géologie. A cause de ses éléments constitutifs, de son grain, de sa couleur et de sa densité, elle pouvait être considérée à part, comme un objet d'étude. Elle portait, pour ainsi dire, sa « personnalité ». Dès qu'on l'emploie et qu'on la taille pour dresser une colonne, on nous induit à ne plus faire d'attention qu'à la forme qu'on lui a donnée, laquelle est commandée par les proportions de la colonne. De même encore cette colonne, si on la regarde isolément comme on en voit dans les ruines, elle est grande ou petite, élancée ou trapue, ou simplement pittoresque. Mais la façade dont elle est détachée, dès qu'on l'y adapte, lui retire tous ces caractères. Ses dimensions ne nous apparaissent plus que justes ou fausses ; elle n'a plus de valeur que selon des chiffres nécessaires.

L'harmonie apparaît donc ici comme l'écriture de l'Unité sur la matière. Le secret de l'artiste fut de nous procurer l'occasion d'un inconscient calcul. Il s'y prit, d'instinct ou savamment, en simplifiant le plus les proportions. N'est-ce pas de même selon des proportions élémentaires que se fait en chimie la combinaison des corps ? La nature ne fait-elle pas l'Unité selon le procédé esthétique ? Manifester le sens de l'Unité qui est en nous, créer entre les différentes parties d'un objet des analogies et des rapports qui en procurent l'illusion, c'est en quoi consiste l'harmonisation. Toute harmonie pourrait être chiffrée, comme celle des musiciens. Il ne faudrait qu'être assez subtil pour la saisir et la signifier.

Mais ces formes mêmes, ces sons et ces couleurs sous l'apparence desquels se présentent à nous le temple et la symphonie, ce ne sont déjà que des vibrations lumineuses et sonores. Chevreul et Helmholtz les ont chiffrées. Ce ne sont déjà que des nombres et des combinaisons de nombres. Ce ne sont déjà que des séries mathématiques, avec lesquelles l'artiste forme de nouvelles séries mathématiques, des ensembles qu'il réunit, des totaux qu'il totalise, des multiplicités globales dont il ordonne de nouvelles et progressives simplifications.

Voilà la matière de l'art. Elle est faite de chiffres sensibilisés. Ce sont des groupes de nombres que nous percevons dans une impression unique, le plaisir d'art. Nous considérons alors ces groupes comme des unités nouvelles, pour en reformer d'autres groupes qui soient plus vastes et plus compréhensifs, et ainsi de suite, jusqu'à ce que toute la pensée de l'homme fasse partie de cet échafaudage. La Beauté additionne le monde : c'est le jugement dernier de la nature !

* * *

Les lois de la statique, qui s'imposent aux architectes, les soumettent le plus étroitement à la réalisation de l'harmonie. Le fait même d'être convenablement édifié assure déjà aux monuments une certaine beauté stable. Construire, c'est toujours unifier des matériaux pesants. « On devient architecte, mais on naît constructeur », dit un proverbe qui requiert le même don du ciel pour les maîtres-maçons que pour les poètes. Aussi l'architecture demande-t-elle non seulement la solidité, mais jusqu'à l'évidence de la solidité. Il n'y faut pas dissimuler la forte assise de l'œuvre, elle embellit. Par exemple les Grecs se gardent bien d'habiller avec des sculptures les parties essentielles à la construction : ils n'en placent qu'au tympan et sur les métopes. Il paraît aussi que lorsqu'ils recouvraient de peintures leurs temples, ils n'employaient de tons vifs que dans les remplissages ; mais aux grands organes de l'édifice, ils respectaient, ou presque, la couleur naturelle des matériaux. Au contraire, on voit au château d'Anet une chapelle dont le dallage de marbre noir et blanc reproduit, comme un miroir, la perspective de la coupole qui est au dessus. Ce peut être pour l'œil un divertissement, mais l'architecture le réprouve. Il ne faut pas jouer avec le sol qui porte tout. Les belles époques d'architecture sont celles où se dégage, non pas une virtuosité ornementale, mais un principe de construction. C'est parce qu'il est bien construit que la façade d'un temple grec resplendit de beauté ; c'est parce qu'il nous manque une doctrine monumentale qu'on ne saurait trouver dans l'architecture d'aujourd'hui même une moulure intéressante.

J'ai dit comment les Grecs « rythmaient » un temple. Ils adoptaient pour chacune de leurs constructions une unité de mesure différente, un module, qui était le diamètre moyen de la colonne. Cela est considérable, car il en résultait que les dimensions de chaque partie du monument étaient commandées non point par leur destination naturelle, mais par les proportions de l'ensemble. Aussi la beauté grecque se revêt-elle d'une abstraite élégance et précise-t-elle une pureté absolue; rien n'en trouble les justes relations : elle atteint à la perfection la plus inexpressive.

Nos maîtres du moyen âge travaillaient sur des données aussi exactes; mais ils avaient adopté un autre module : l'homme. Ils avaient une échelle vivante. Ce qu'ils perdent ainsi d'harmonieuse pureté, ils le compensent au centuple par une poignante convenance. De là l'émotion dont ils font trembler la pierre française; cet homme pour lequel ils édifient la merveille, cette vivante unité de mesure qu'ils ne veulent point perdre de vue, ils la répètent partout dans les formes de leur folle statuaire. Au reste, ils déterminent la qualité harmonieuse de la Cathédrale avec autant de rigueur que le firent les Grecs et ils en calculent les équilibres avec une splendide sûreté.

Qu'ils aient usé, eux aussi, de formules scientifiques, l'album de Villard de Honnecourt en fait foi. Celui-ci demande à la géométrie l'art de construire jusqu'aux personnages de la sculpture et des vitraux et de leur communiquer non seulement la justesse des proportions, mais celle encore du geste et du mouvement, sans sortir de la donnée monumentale de l'édifice dont ils épousent la fermeté : il lui suffit de renverser un ou deux triangles d'une figure géométrique, pour déterminer les lignes constitutives d'un homme à genoux ou renversé, « et fait intéressant, remarque Viollet-le-Duc, les résultats obtenus par ces procédés rappellent les dessins des vases grecs les plus anciens. »

C'est donc dire qu'en dépit des diversités sociales, la beauté harmonieuse demeure constante avec elle-même et trahit l'éternité des nombres. L'harmonieuse architecture est comme une musique fixée.

*
* *

Du caractère mathématique de l'harmonie musicale, je n'ai rien à dire : il est flagrant. Les traités d'harmonie ne sont que des formulaires algébriques dont l'accord parfait est le premier théorème. Et la tonalité qui unifie. Et le rythme qui énumère. Les membres de phrase d'une mélodie se groupent deux par deux selon une loi de symétrie ou de contraste, ce qui est pareil[1]. Les professeurs d'harmonie enseignent qu'il faut contrarier la marche des différentes parties et qu'il est meilleur que l'une monte tandis que l'autre descend. Cette règle de contraste simultané, qui s'observe également dans les arts du dessin, ne tend qu'à établir la symétrie de deux mouvements alternés, à marier deux séries mathématiques de raison contraire, et ainsi de suite.

N'est-il pas remarquable que la musique

1. « L'unité, en s'opposant à elle-même, produit l'harmonie. » (Héraclite.)

et l'architecture, qui sont les deux arts d'où les surcharges expressives peuvent être le plus complètement exclues, soient ceux aussi qui, dans le temps et dans l'espace, réalisent la Beauté selon la plus frappante arithmétique ?

*
* *

L'évidence est moins frappante de la mathématique linéaire, picturale ou littéraire. C'est qu'ici les œuvres nous apparaissent sous l'emprise d'un sujet ; un fait initial en est l'inévitable prétexte ; un accident de naissance les trouble ; une vie étrangère les envahit et les recouvre ; de vaines ressemblances en dissimulent d'abord l'harmonie.
t cependant ?

De même que les nécessités constructives ssignent quelque harmonie à tout édifice, ès l'instant qu'il se tient debout, de même a fidélité d'un dessin lui tient lieu d'abord e composition. On en pourrait administrer *priori* la preuve, en montrant les peintres qu'avec plus ou moins de bonheur on regarde comme des harmonistes, en les disant « classiques », plus attachés à l'exactitude linéaire que renseignés sur la fugitive authenticité des lumières. Il est certain que, si on imite un arbre ou un visage d'homme, il suffit, à cause qu'il est organisé, d'en observer les proportions, pour communiquer à la copie une certaine unité d'emprunt qui vient de l'original.

On est tout de même amené à penser en admirant le portrait à la mine de plomb que fit Ingres de M. Leblanc, que ces œuvres doivent leur harmonie à un autre élément encore, la statique des lignes. La ligne en effet comporte aussi les proportions heureuses, donc un élément rythmique.

On sait la théorie qu'en voulut esquisser Hogarth. La ligne de beauté, c'est, selon lui, celle qui ondule le mieux et la plus gracieuse de toutes est la ligne serpentine, qui est figurée par un fil d'archal s'enroulant autour d'un cône. La ligne ondoyante et la serpentine portent l'harmonie en elles, si elles ne sont ni trop droites, ni trop onduleuses, penset-il, et le voilà qui en étudie les vertus sur le corset des femmes. En réalité, et c'est tout simplement sur quoi il néglige de nous instruire, l'harmonie est réalisée par les rapports que les différentes parties de ces lignes présentent entre elles, et c'est là que le nombre recouvre ses droits. Car lorsqu'il a raison de penser qu'une ligne prend de l'élégance si elle se porte successivement à droite et à gauche et si ces renflements décroissent graduellement et s'ils ne sont ni trop rapprochés, ni trop éloignés, c'est dire tout simplement qu'elle atteint à la grâce à mesure qu'elle se conforme à une progression convenablement décroissante.

Pour analyser un contour, Ch. Henry[1] prolonge les directions successives du trait, il mesure les angles formés par les tangentes ainsi déterminées à droite et à gauche et il fait la différence des unes et des autres; s'il obtient un nombre rythmique, c'est-à-dire une puissance de *deux* ou un nombre premier formé de l'unité ajoutée à *deux* ou à une

---

1. *L'Esthétique des formes.*

puissance de *deux*, l'esthétique est satisfaite.

Mais cela encore ne suffit pas. Les lignes en effet ne valent pas seulement par leur propre direction, mais surtout à cause de l'ensemble linéaire dont elles font partie et par la réciprocité de leurs mouvements. Or nous voici en face de données difficiles à calculer, en dépit des instruments imaginés par Ch. Henry. Du moins l'influence de la mathématique s'y révèle-t-elle indubitablement. C'est tout ce qui m'intéresse ; car je sais d'avance que partout où elle se manifeste, elle agit à coup sûr et se comporte avec exactitude.

En outre, Ch. Henry attire notre attention sur la valeur contrastante des directions: cet élément de contraste suffit à assurer à un ensemble de lignes la possibilité harmonieuse, car les contrastes se mesurent encore et se peuvent sensiblement réduire à des égalités[1]. Dans la pratique, les sculpteurs en usent ici à la façon des architectes, en veillant à la pondération de l'ensemble. Le

---

[1]. « La composition offre à peu près la disposition d'une croix de saint André... » (Delacroix.)

mot indique un pesage mental, une mise en balance du total des éléments inclus dans l'œuvre. C'est à nous renseigner sur ce total équilibre que la science peut le moins, tant il s'y mêle de données complexes. Cependant rien n'importe plus à l'existence de l'œuvre que cette composition générale, qui reste décidément une affaire soumise à notre jugement, une fonction du goût.

Sur les couleurs, on en connaît un peu moins. L'harmonie en est difficile à établir à cause de l'incertitude des attributions. On sait assez bien comment se chiffrent un *ut* et un *sol*, mais le *jaune jonquille?* Et puis, les couleurs nous sont souvent agréables par leur violence, par une certaine qualité aiguë qui ne semble guère harmonique. Quelques-unes surexcitent vivement le système nerveux : elles sont hyperesthésiantes. « Autrefois, chez M. Lumière, à Lyon, les ateliers où l'on prépare les plaques photographiques étaient éclairés uniquement en rouge : les ouvriers chantaient, gesticulaient, courtisaient les femmes à outrance et *riaient tout le jour*. Les salles sont maintenant éclairées de flammes vertes et tout ce monde s'est assagi. On pourrait donc considérer le vert, le violet, le bleu, comme sédatifs, le rouge comme exhilarant[1]. » Une composition qui leur assigne leur plus haute importance désorganise spécialement les lignes. Elles semblent jouer à contre-harmonie. Comme une révolte les suscite et les exaspère. Leur qualité harmonieuse semble leur moindre qualité. Ceux qui arrangent harmonieusement les couleurs, on ne les appelle point des coloristes, car il faut plus de teintes à Ingres qu'à Rembrandt pour faire un tableau. La couleur demande plutôt à être exaltée.

Aussi des théories qui assimilent le spectre à la gamme des sons m'en apprennent-elles sur la beauté picturale beaucoup moins que celles qui en constatent les oppositions et les répartissent en familles. Il est fort tentant de chercher une gamme dans le spectre, car on a fait depuis longtemps courir le bruit qu'il y avait sept couleurs principales, ce qui est inexact, attendu qu'il n'y en a bien que

---

[1]. Dr Raulin, *le Rire et les Exhilarants.*

six, et sept notes en musique, ce qui est encore une autre erreur, puisque nous en distinguons au moins douze[1]. Il y a des présomptions pour que les deux matières qui vibrent, le son et la lumière, soient régies par des lois semblables. Mais il s'agit pour le moment de

---

[1]. Une hypothèse curieuse vient d'être émise en Belgique par M. l'abbé de Lescluze. Etant donnés deux *ut* à une octave de distance, on peut en représenter les vibrations, par exemple, par 8 et 16. En ajoutant à la gamme majeure un *si* bémol, il prétend que le nombre respectif des vibrations de chaque note est représenté par les fractions successives $\frac{9}{8}$, $\frac{10}{8}$, $\frac{11}{8}$, $\frac{12}{8}$, $\frac{13}{8}$, $\frac{14}{8}$, $\frac{15}{8}$. La différence entre la fraction $\frac{4}{3}$, par laquelle nous représentons d'ordinaire la quarte, et la fraction $\frac{11}{8}$, qu'il attribue au *fa*, est, selon lui, l'évaluation d'une erreur semblable à celle que nous commettons pour rendre les instruments plus maniables, en confondant le *ré* bémol et l'*ut* dièze. Nous voilà donc en face d'une série de numérateurs successifs. Sur ces chiffres, il construit, entre la tonique 128 (rouge nacarat?) et son octave 256, une gamme de couleurs dont il nous est bien difficile de vérifier les attributions, et il prétend établir : 1° que chaque peintre emploie une gamme très précise, composée d'un nombre de couleurs très restreint, toujours les mêmes ; 2° qu'il se dégage en couleur les mêmes harmoniques qu'en musique et qu'un même plan dans un tableau ne doit contenir que les notes faisant partie de la même série harmonique. Je crains ici, mais qui le pourrait vérifier? une pétition de principe. Le théoricien n'a-t-il pas commencé par mettre dans l'hypothèse qu'il pose les conclusions qu'il en tire à la fin? J'accorderais, quant à moi, plus de crédit à la théorie de Griveau qui, s'appuyant sur l'hypothèse des deux ondes optiques de M. Charpentier, assimile la couleur au timbre musical et en fait une harmonique de la lumière blanche.

savoir ce que des peintres ignorants, mais fins artistes, demandent aux couleurs. Des contrastes principalement, et d'abord ceux que Chevreul nous a fait connaître. Toute l'histoire de la peinture l'atteste, Delacroix le crie et l'impressionnisme l'érige en principe.

La théorie des complémentaires est du reste incomplète. Les pigments ne se comportent pas comme les couleurs spectrales. Le contraste du violet et du jaune, celui du rouge et du vert nous affectent aussi fort différemment. Enfin d'autres alliances de couleurs procurent des effets de calme et solide plénitude, qui ne rappellent guère l'acide antithèse des complémentaires et dont il faudrait encore nous rendre compte. M. Séruzier trace dans son cercle chromatique un diamètre vertical. Étant donné que le jaune tend indéfiniment vers le blanc, et le violet vers le noir, il inscrit le jaune en haut et le violet en bas de ce diamètre : cette ligne va ainsi en réalité du blanc au noir. Puis il partage en trois la demi-circonférence de droite, à l'aide du vert et du bleu ; de même, pour la demi-circonférence de gauche, avec l'orangé et le rouge. Nous avons donc, pour aller de la lumière vers l'ombre, deux chemins, l'un par le vert et le bleu, l'autre par l'orangé et le rouge. Les gris sont au milieu du cercle. Jusqu'ici rien que de bien connu. M. Séruzier remarque alors qu'une construction colorée qui n'assemble que des couleurs de droite ou que des couleurs de gauche manque d'équilibre. Et en effet je me souviens avoir maintes fois éprouvé que mon œil était privé de je ne sais quelle satisfaction à regarder au Louvre le portrait de Jean-Antoine de Mesme, par Philippe de Champaigne, où n'éclate que la seule note rouge d'un grand manteau. Au contraire, si vous mariez les couleurs de droite à celles de gauche, M. Séruzier observe, en les unissant d'un trait, que plus l'angle formé par la rencontre de cette ligne et du diamètre vertical est aigu, plus est *aigu* le contraste des couleurs employées, mais que plus on se rapproche de l'angle droit, plus on obtient un couple riche, plein et reposant. Cette théorie, que M. Séruzier n'a jamais développée que verbalement, est d'autant plus frappante qu'elle émane d'un juste artiste. Elle est empirique, mais elle rend compte des pondérations que les peintres demandent à la couleur. On savait, au reste, depuis longtemps qu'il y a des couleurs chaudes et des couleurs froides et que c'est dans leur contraste qu'ils cherchent l'équilibre coloré d'une toile. Ce procédé instinctif qui tient compte de la saturation, de la valeur, de la superficie des couleurs, est le même qui permit aux architectes grecs d'agencer sur la colline de l'Acropole les équivalences successives des Propylées, du temple de la Victoire Aptère, de la statue de la Minerve Promachos, de l'Erechteion et du Parthénon. Il s'y agit, en somme, de produire une égalité plus ou moins parfaite entre deux principaux éléments colorés, que soutiennent de part et d'autre deux séries de nuances. C'est, pratiquement, un calcul d'approximation.

*
* *

Il reste cette chimère, la parole humaine. Elle est couleur, ligne, architecture et musique, — et rien de tout cela tout à fait. Elle s'harmonise tour à tour selon les lois de tous les arts, sans en suivre continûment aucune. Infinie variété. Mais à cause de cette résurrection perpétuelle, c'est elle encore qui serre l'Unité de plus près.

Toute proposition, dans n'importe quelle langue, se compose essentiellement d'un sujet, d'un verbe et d'un attribut ou d'un complément, c'est-à-dire de deux termes significatifs unis par un troisième, le verbe, qui de soi-même n'est le signe d'aucun objet, mais représente seulement le rapport par lequel sont unis les deux autres. Il est le centre de la symétrie verbale. C'est lui le vrai mot. Ainsi prend un sens magnifique le vers de Victor Hugo :

Car le mot, c'est le Verbe, et le Verbe, c'est Dieu.

Le mot par excellence de toute phrase, c'en est le verbe; or il énonce le divin rapport entrevu partout. La parole *unique* de l'homme, c'est l'affirmation de l'Unité. La netteté des phrases est une forme de l'harmonie; elle vient d'en avoir si bien pesé les termes qu'il n'y ait pas entre eux de force perdue et qu'ils s'unissent d'un rapport invincible.

Quand Buffon écrit : « Le style, c'est l'homme », c'est en un style dont la beauté vient de là. Mais voici une autre phrase qui fut dite devant des foules : « La forme la plus élevée du beau n'est pas de celles qu'on peut indiquer par des numéros sur un catalogue[1]. » La parole se peut-elle déshonorer jusque-là ? C'est que voilà une phrase qui blasphème l'Unité !

Ce que l'on appelle le *nombre* d'une phrase, c'est l'apparence sensible du nombre dans le gouvernement des périodes, chaque proposition portant des compléments géminés et trigéminés qui se correspondent entre eux et les périodes se subordonnant les unes aux autres, pour s'opposer masse contre masse, par pondération.

Si vous ouvrez un écrivain dont la langue soit réputée harmonieuse, Chateaubriand par exemple, vous y trouverez les mots mis

---

1. *Discours d'inauguration de l'Exposition Universelle de 1900.*

en relation non seulement par la force du sens, mais aussi par des affinités sonores, des harmoniques en somme, dont le choix relève d'une délicate acoustique et grâce auxquelles ils s'offrent plus étroitement tramés ensemble. Il semble que les propositions en soient ainsi plus indécomposables.

Antithèses, comparaisons, qualificatifs même, autant de rapports qui peuvent de toutes parts préciser de moindres harmonies.

Et notre grand vers de douze pieds, tous nos différents vers si uniquement et si nûment arithmétiques, et leurs rimes qui se font la révérence deux par deux et qui s'entrecroisent comme si elles dansaient la pavane! Oh, le royal alexandrin, le plus beau vers du monde, avec nos syllabes françaises, quoi qu'on en dise, si peu accentuées, sensiblement équivalentes comme des unités successives, un nombre pur, le douze, aisément divisible en deux, en trois, en quatre et en six, le souffle humain dans toute sa longueur! On lui peut imposer les larges coupes architecturales ou demander les nuances les plus subtilement contrariées. Il invite à mille jeux alentour. Il aime qu'on le rompe et qu'on le remplisse d'allitérations, de timbres et de légers accents. Nul autre ne l'égale. De la poétique étroite et mesquine du vieux Despréaux, une seule chose est désormais à retenir, c'est que les harmonies les plus évidentes viennent d'une division au milieu, et non pas même d'une césure, parce que la division en deux est la plus simple. Mais la tierce et la quarte et dix autres valent aussi ! C'est à vous de savoir, ô poètes, si de telles harmonies sont harmonieuses avec vos émotions. Pour le reste, jouez-vous aux combinaisons infinies du nombre, il n'est pas d'autre Art poétique, lui seul est le maître de votre forme, et fussiez-vous les plus libres de métrique que ce serait lui encore qui donnerait secrètement à vos paroles des ailes !

*
* *

Voilà donc l'émotion esthétique : c'est l'ivresse de totaliser, le délire des ensembles, la joie de la synthèse. Mais d'où vient que le *Samaritain* de Rembrandt se différencie d'une Mythologie de l'Albane ?

L'échelle de Beauté qui assigne aux œuvres leur valeur différente s'appuie sur ce principe que plus les éléments unifiés sont nombreux, plus la Beauté s'élève. Il ne s'agit plus ici de la simplicité des rapports obtenus, mais de l'élévation des nombres mis en rapport. Ce n'est pas à dire que les plus belles œuvres soient les plus grandes ni même les plus complexes, mais celles qui agencent les éléments les plus suggestifs et qui sont représentatives d'une plus grande quantité du monde. La question pour les artistes supérieurs est d'unifier la plus grande part d'univers possible. Remarquez par exemple la vénusté phosphorescente de ces vieux mots où se sont accumulés des siècles de sens, et la beauté encore de ces mots abstraits employés au pluriel par le latin mystique. C'est qu'un nouvel usage les multiplie par eux-mêmes et les charge de richesse Si je dis un prélude du *Clavecin bien tempéré*, c'est une broderie serrée de notes rapides, dont chaque dessin de trois ou quatre constitue une harmonie; à leur tour, ces motifs minuscules s'organisent en groupes qui se répondent et qui évoluent successivement. Voilà pour l'une des parties. Elles sont plusieurs cependant, dont chacune, en se développant conformément à elle-même, s'accorde au rythme général. De cette incroyable polyphonie, les plus infimes détails sont diversement expressifs, par où se suggèrent à chaque endroit d'autres éléments que ceux dont l'œuvre offre la liaison étroite : une autre beauté s'y entr'aperçoit de toutes parts, le sourire de la vie; tout cela se coordonnant avec puissance, se massant comme vers un centre inévitable, autour d'une dominante idée. Ainsi se comporte la beauté supérieure. L'harmonie-mère d'une œuvre emporte par conséquent avec elle un faisceau d'harmoniques, qui la timbrent et qui l'étoffent, en l'amplifiant d'une série de correspondances.

Ne voyons-nous pas que les sociétés, poussées par la même force, travaillent, elles aussi, à se donner des constitutions de plus en plus compréhensives ? L'individu humain fonde à l'origine des temps sa famille, plus tard les familles s'unissent pour former la *gens*, la classe ou la tribu ; après quoi, les citoyens organisent la *Cité antique*. Surviennent les barbares. Des bandes se partagent le vieux monde et c'est la différence des races qui le subdivise désormais. Ainsi se caractérisent les provinces. Le pouvoir royal se fortifie ensuite et l'idée de la *patrie* moderne se révèle. Le mouvement, commencé en France, s'est achevé par la fondation des patries allemande et italienne. Voici maintenant que le cosmopolitisme prévaut. Vous observerez qu'il use du même procédé que l'artiste, lorsque, pour créer un rapport harmonieux entre deux termes, il en atténue les caractères. Le caractère local disparaît peu à peu. Les jeunes paysannes quittent la coiffe pour le chapeau, les Japonais revêtent l'habit noir, toutes les villes se bâtissent des maisons pareilles. Il y aura peut-être un jour une Europe, mais dès à présent les esprits hardis ont commencé prématurément à ne plus concevoir qu'une seule patrie humaine...

Ce qui est dans l'humanité est dans l'homme. C'est le besoin de réaliser la plus vaste unité possible qui emporte l'évolution des peuples en même temps qu'il élève en beauté les chefs-d'œuvre séculaires. L'atavisme de Dieu détermine l'homme. Il veut refaire le monde. Ainsi l'Univers, jailli de l'Unité originelle vers la diversité vitale, à mesure qu'il prend conscience de lui-même, retourne de la diversité vitale à l'originelle Unité. D'y ramener la plus grande pluralité possible, c'est donc l'opération majeure de l'esprit. L'Unité se dégageant de la complexité, tel est le propre de la Beauté harmonieuse ; l'Unité ordonnant la plus grande complexité, voilà le canon de la Beauté supérieure.

*
* *

Pour aborder ces immenses calculs, les artistes usent d'une algèbre des plus simples, qui est, comme l'autre, une méthode de simplification et de généralisation. Qu'il s'agisse de sons, de pensées ou de couleurs, elle s'applique toujours abstraitement. Des lois usuelles dont elle se compose, les unes, celles de régularité, de simplicité et de convenance tendent à faire apparaître l'Unité, et l'autre, celle de variété, à enrichir l'œuvre de la multiplicité du monde.

Faire des œuvres variées, c'est mettre en équation le plus de quantités algébriques possible.

Faire des œuvres convenables, c'est se garder d'énoncer dans le problème des données qui déterminent un résultat inacceptable. Car si la solution d'un problème doit être un nombre d'hommes, c'est-à-dire un entier, le résultat 1/2 n'est pas satisfaisant, ni si un monument est construit pour des hommes, il n'est convenable d'y prévoir par exemple des portes trop petites pour leur donner passage.

Faire des œuvres régulières, c'est ménager partout des pondérations, des symétries, des équivalences : établir l'équation dans une égalité.

Faire des œuvres simples, c'est éliminer les éléments inutiles, c'est résoudre.

Mais ces formules, qui sont vieilles comme la matière, n'ont de force que selon l'usage qu'on sait en faire. C'est que, le problème résolu, il s'agit de remplacer les lettres par les chiffres qu'on leur fit représenter. Comme ces chiffres énoncent de vastes quantités de l'univers, élues à force de délicatesse et dénombrées d'instinct, le résultat ne vaut en beauté que ce que vaut l'homme qui posa l'équation.

S'il ne suffit pas de connaître ces pauvres règles éternelles pour se donner du génie, il n'en reste pas moins qu'on ne saurait imaginer un chef-d'œuvre qui ne les vérifiât. Elles sont donc essentielles. La portée en est d'une impeccable précision. Elles vont dans leurs derniers effets jusqu'à équilibrer d'extrêmes finesses. Elles s'avivent d'une vigueur élégante. La Beauté se révèle en beauté.

Il suffit d'une moindre touche de couleur pour transposer une peinture. Un bouquet d'un certain bleu sur la tête d'une femme fera l'unité d'un tableau gris de M. Raffaëlli. On ne sait jamais par où ils achèvent. Corot disait qu'il faut toujours mettre dans un tableau un blanc et *un seul*. Chez Vinci, un forme émerge immensément de l'ombre et c'est tout. Un rayon de jour, qui filtre on ne sait d'où, devient, chez Rembrandt, le générateur de toute la composition. Il glisse sous des meubles, se réfléchit sur des objets, tressaille sur des visages et flotte partout, il ordonne tout lumineusement. C'en est assez pour « informer d'éternité ce rêve ».

Mais, tandis que les fixes lois de l'harmonie se jouent si librement, elles réalisent de toutes parts d'incalculables synthèses. C'est elle, c'est cette vertu harmonieuse soutenant toutes les œuvres, qui a déterminé l'unité séculaire de l'art, qui fait de tous les grands artistes de tous les temps comme une seule grande famille, et c'est grâce à elle encore que la sculpture des Gothiques ressemble à la grecque. « Les époques médiocres, écrivait Ch. Morice, disent : « *les arts* », mais les grandes époques disent : « *l'Art* ». C'est parce que l'art est cet invincible artisan de synthèse que le maître de Périclès disait à son élève : « Souviens-toi qu'on ne pourrait toucher aux principes de la musique sans ébranler les fondements de l'État. » Il a suffi d'un grand poète, Dante, pour fonder à jamais l'unité de l'Italie morcelée, tandis que nous voyons encore la sainte Russie, qui n'a pas eu de voix, rester, malgré son unité politique, « un grand monstre muet ».

※
※ ※

Il est donc partout manifeste que l'art commence où les mathématiques finissent, qu'elles lui fournissent sa matière et qu'il en est la suite passionnée. Où les mathématiques deviennent compliquées et transcendantales, où la géométrie a épuisé la complexité des figures, il subsiste et il commence une infinité de décimales, de racines, de formes, de figures fugitives, que la dernière tension de notre esprit est inégale à commensurer. Cela passe l'entendement humain, s'il en veut étreindre la stricte exactitude. Mais où la science nous est refusée, la conscience nous est permise. C'est ici que l'art commence son ouvrage. Dans ces formules insaisissables, il ne voit que des formes saisissantes. C'est où une courbe devient difficile à chiffrer qu'elle commence d'être esthétique[1]. C'est lorsqu'un accord musical, au lieu de consister en un rapport simple, suppose une relation plus subtile, qu'il devient délicat. C'est à mesure qu'on néglige la notion des couleurs exactement complémentaires qu'il devient loisible de les rapprocher avec plus de finesse. De là vient que l'homme qui frémit devant de la beauté ressent toujours qu'elle est faite de quelque chose d'inexprimable. Cette multiplicité infinitésimale des effets, dont la plus pénétrante analyse des sciences mathématiques s'efforcerait en vain à déterminer les composantes, l'artiste la résume d'un seul coup dans une forme, qu'il marie avec une autre : il fait de la sorte élection d'une harmonie, puis il ordonne des systèmes d'harmonie. Les mathématiques ne peuvent totaliser que des objets de même nature; une vache et un pré ne peuvent s'ad-

---

[1]. « Une beauté qu'on ne peut expliquer nous est plus chère qu'une beauté dont nous connaissons la définition » (Emerson).

ditionner. L'art cependant fera d'eux une synthèse et les apposera selon des rapports esthétiques. C'est entre des espèces différentes réaliser une certaine homogénéité. C'est entre des objets divers faire apparaître une communauté supérieure. Aussi, pour les venger d'un déni de curiosité que la légèreté commune leur oppose, convient-il de professer un suprême respect pour les mystérieux artistes, tel un Mallarmé, un Odilon Redon, qui veulent si inflexiblement s'abstraire de la superficielle donnée d'un sujet, pour aller jusqu'au fond de la nature chercher le lien le plus secret des choses et les réunir à travers l'âme du monde. Car oseriez-vous sourire de l'Apocalypse ou mépriser le second Faust?

L'art apparaît ainsi comme une épopée hyperscientifique. C'est un croisement de substances, une Croisade transcendantale où la Beauté harmonieuse clame, illustre et éternise la Geste des nombres héroïques!

*
* *

L'œuvre d'art est donc une notation mathématique, aussi inconsciente que la géométrie selon laquelle les abeilles construisent leurs alvéoles. Mais l'évaluation de la matière d'art, loin de participer à l'évidence des nombres, est l'affaire d'un jugement et reste soumise à l'instinct de l'artiste, de telle sorte que ce coefficient d'humanité qui détermine le résultat esthétique retire à la Beauté même la plus harmonieuse cet absolu caractère de certitude qui consacre les solutions mathématiques. Les appréciations variant selon les temps et selon les hommes, ce n'est jamais par les mêmes chiffres et par le même poids de matière qu'ils remplacent les lettres de l'équation; et notamment la loi de convenance défend à un Gothique de concevoir comme un Grec l'édifice à construire.

Toutefois devrait-il rester que les œuvres manifestant les relations les plus simples fussent de nature à supprimer communément une part de notre inquiétude, comme des résultats dûment acquis. Ce n'est point ce qui arrive à l'ordinaire. L'indifférence où bien des œuvres nous laissent tient justement à leur simplicité. C'est que l'harmonie la plus parfaite porte en elle-même sa limite. Cette Unité dont l'inquiétude nous travaille, si on nous en donne une trop nette idée dans un ouvrage, nous voilà déconcertés : nous apercevons le mensonge. Car il ne s'agissait pas ici de nous offrir une réalité, mais de nous donner une illusion. Et nous savons bien que tout cela, ce sont des artifices. Quoi de plus fastidieux qu'une symétrie, si l'on n'en fait oublier la trop claire ordonnance par la qualité expressive des morceaux? L'œuvre trop harmonieuse est anesthésiante, elle nous inspire par réaction le sentiment de tout ce qui échappe au système d'unité qu'elle nous offre et nous nous apercevons alors que tout le reste de l'univers nous manque. De trop simples harmonies nous communiquent donc un scepticisme et de l'ennui. L'Unité veut être suscitée et disputée. Il ne faut pas que l'homme sente les limites et la menterie de l'œuvre d'art. Car, l'âme alors blessée, il renverse les ordonnances, il crève et il éventre les systèmes, il bouleverse les traditions, il ouvre une large brèche dans la citadelle régulière de l'harmonie : c'est l'*Entrée des Croisés à Constantinople*, et dans une enthousiaste discorde, il sacre à travers les ravages une déesse échevelée qui vocifère des révoltes éperdues, l'Expression !

EXPRESSION

III

EXPRESSION

L'homme aime le poison. Ce n'est pas assez pour lui de goûter la saveur des fruits ou de respirer l'arome volatil des fleurs. Il en distille les sucs pour leur demander d'âcres plaisirs. Il n'y a pas que sa pensée qui cherche à s'étendre ; sa chair de douleur recèle le sourd désir des sensations les plus rares. Il est toujours en route avec tout lui-même vers la dernière frontière de toutes choses : il veut mettre ses ongles à l'essence de tout. Si son organisme prend le goût des poisons, c'est parce que les poisons le détruisent et qu'il ne peut rien au-delà. C'est pourquoi il s'intoxique de tabac, d'opium, d'alcool et d'odeurs capiteuses et il meurt encore, s'il atteint la vieillesse, pour s'être empoisonné le sang, pendant cinquante ou soixante ans, dans la combustion de son ardente activité. Rien ne remplit sa vaste soif. Il va le plus loin vers partout, il crie vers tout.

Tout! Les grandes forêts de hêtres, les Méditerranées lumineuses, les neiges alpestres et les plaines de France! L'astuce des Asiatiques et la naïveté des Celtes! Tout! La froideur des pierreries, la senteur estivale des genêts ensoleillés, l'eau brune des pays Morvandiaux, la fraîcheur des grottes et la tiédeur des vergers! Tout! La brume des philosophies allemandes, l'atticisme de Lysias, les tabagies de Franz Hals, l'invisible invention des planètes, la fumée si folle des usines, et la clarté d'un verre d'eau, tout enfièvre la brûlure de ses curiosités. Comment admirer de gaîté de cœur *la Belle Ferronnière* tant que subsiste ailleurs *la Kermesse?* Ce sont des centaines de bras qu'il tend vers toutes choses, c'est d'un millier de mains qu'il souhaite les palper. Et si vous tiriez au clair les derniers sentiments qui se cachent en lui, vous trouveriez qu'il n'est pas un seul homme qui ne soit infiniment inconsolable à la pensée qu'il y ait quelque part, dans le pays le plus reculé de l'univers, une petite source où il n'ait pas encore bu !

C'est ce tourment de l'omnipossession qui jette vers les conceptions les plus universelles, vers l'inouï, vers l'inattendu, vers l'inentendu, le neuf et le rare l'effort emporté des artistes, et c'est pourquoi ils ne se satisfont jamais définitivement d'aucune harmonie, à cause du sentiment qu'ils ont de tout ce qu'elle rejette lorsqu'elle se limite. La vastitude de leur désir dépasse la stricte mesure des ordonnances réglées, elle s'en échappe de toutes parts, comme l'eau déborde d'une jarre. Notre curiosité dépasse même la capacité de l'univers, puisque l'œil voit en toutes choses ce qu'il apporte avec lui le désir d'y voir, et que nous ne cessons d'y mettre une faim insatiable. Le cénacle de notre intelligence est porté par toute une faune obscure de Désirs aux gueules ouvertes, qui est semblable à ce pilier animal de l'abbaye de Souillac, où des bêtes s'entredévorent et s'entrelacent pour tresser une natte vivante.

C'est la superbe avec laquelle des peintres

comme Rubens produisent continûment toute leur palette qui jette à travers la matière cet invincible souffle dont ils nous enthousiasment dans le désarroi des harmonies. « Le Titan néerlandais, dit Henri Heine, avait des ailes si puissantes, qu'il s'est élevé jusqu'au soleil, quoique des quintaux de fromage de Hollande pendissent à ses jambes. » Shakespeare, c'est l'œil universellement voyant, l'Argus moderne, qui nous crible de lumière. Dans la beauté de ses drames, ce qu'il est surtout d'esthétique, c'est sa totale intelligence. C'est à tout vouloir exprimer qu'il manifeste le Beau dans un infatigable renouveau d'esprit. Ainsi les artistes de la Renaissance revendiquaient-ils encore d'être à la fois poètes, philosophes, architectes, peintres, sculpteurs, orfèvres et voire bretteurs, et même se voulaient-ils en outre de scrupuleux artisans, jusqu'à fabriquer eux-mêmes leurs outils et leurs couleurs; Michel-Ange partageant son génie entre les peintures de la Sixtine, le tombeau de Laurent de Médicis, des sonnets et la coupole de Saint-Pierre; Léonard qui nous a laissé pêle-mêle dans ses albums des combats d'éléphants, des figures de perspective, d'optique, d'hydraulique, de balistique, des vues de montagnes, des cartes topographiques, des caricatures, des plantes et des notes de musique; Benvenuto Cellini, vantard, génial, criminel et curieux d'aventures, ils sont tous possédés de cette fièvre qu'on pourrait appeler non pas quarte ou sixte, mais totale.

C'est donc tout l'univers qu'il leur faut à tous et que non seulement rien d'humain, comme on l'a dit, mais rien même de vivant, ni rien qui puisse être, ne leur soit étranger! Et si d'aventure le troupeau de bêtes merveilleuses qu'ils ramènent refuse d'entrer par la porte étroite des architectures établies, c'est leur beau sacrilège de briser l'arc d'harmonie pour livrer passage à leur cohue bondissante et tumultueuse.

L'harmonie est une limite. Comme elle tend à réaliser une certaine ordonnance déterminée, il arrive qu'elle réprime une imagination jalouse de l'universel. L'artiste renonce alors à la Beauté, plutôt que la souffrir restreinte et limitée. Il blesse les rythmes pour crier sa révolte. Telle est l'œuvre expressive, celle qui se nie elle-même, celle qui s'insurge contre elle-même, celle qui exprime sa propre désorganisation.

Comme un suicide !

L'homme aime à ce point la vie qu'il aime le poison.

* * *

L'origine de l'expressif, c'est d'avoir aperçu qu'il y avait encore des éléments qu'une suprême harmonie ne réalisait pas, d'avoir convoité au-delà quelque chose d'inexprimable.

Poussons-en le sens jusqu'à des exemples d'une clarté absurde. Je suppose qu'une école d'artistes, frappée par le contraste des couleurs complémentaires, se mette à peindre des couchers de soleil avec du violet et du jaune. Après tout, ce n'est pas tellement invraisemblable, j'en citerais dont la philosophie est de cette simplitude. Un autre survient qui aperçoit dans la nature non plus du jaune, mais des bleus et des rouges au voisinage du violet. Délibérément il le consigne dans un tableau. En quoi consistera cette révolution ? Tout simplement à refuser de s'enfermer dans l'hypothèse harmonique du jaune et du violet, pour s'être avisé un jour qu'il y avait d'autres aspects du monde. Et d'avoir ainsi opposé cette anecdote lumineuse à une formule d'harmonie d'où elle était exclue, ce fantoche serait un expressif[1]. Le procédé expressif est ainsi le même que les sciences appliquent à la recherche de la vérité, en abandonnant sans cesse une hypothèse qui explique trop peu de faits pour une autre qui en atteigne davantage.

Soit encore *l'Apothéose d'Homère*. C'est une symétrie dont les lignes prudentes et préméditées s'agencent infailliblement et dont es coloris s'équivalent avec une sagesse agréable. Si quelqu'un se dit en regardant cette composition : « Mais la vie ne se

---

[1]. « Ce fameux Beau que quelques-uns voient dans la ligne serpentine, les autres dans la ligne droite, ils le voient tous dans es lignes. Je suis à ma fenêtre, et je vois le plus beau paysage. 'idée d'une ligne ne me vient pas à l'esprit. L'alouette chante, a rivière réfléchit mille diamants, le feuillage murmure..... » Delacroix.)

fige pas ainsi à des attitudes apprêtées, mais le monde a des horizons immenses et les hommes des gestes hardis, mais le vent qui passe dérange les toges et chiffonne au ciel les étendards, mais la splendeur colorée de l'Orient déjoue cette paisible lumière. Cette harmonieuse composition a beau réclamer Platon, Phidias, et Racine, et Corneille, elle n'est pas assez ouverte encore à la notion de l'universel. Elle ne comporte pas les folles équipées et les tragiques défaites, et la lumière qui fulgure, et toute la vie », celui qui a ce sentiment perçoit clairement que Delacroix fut expressif en se délivrant de l'harmonie académique parce qu'il ne la trouvait pas assez compréhensive.

L'expression traduit la fidélité intransigeante de l'homme à la conception d'un art intégral. C'est où la loi de variété épuise ses effets qu'elle commence de le tourmenter et elle le pousse à une émigration perpétuelle au-delà des harmonies.

Comment alors s'y prend-il pour réclamer ce qui lui échappe? Comme l'enfant qui prononce des paroles sans liaison et qui nomme seulement, puisque c'est tout ce qu'il peut faire, les objets de sa convoitise : « bâton, pierre, table, joujou... » Il crie : « maman ! » Car une phrase, avec des termes mis en relation par un verbe, est l'œuvre de l'homme assoupli et maître de cette matière, la parole. La phrase est un établissement d'harmonie qui dépasse les facultés de l'enfant : celui-ci alors se fait expressif, ce qui est proprement dire qu'il s'exprime. Et l'homme à son tour, dès qu'il ne peut plus formuler sa pensée en propositions, se contente d'un cri, jette une parole détachée, pousse une exclamation, procédé expressif. L'expression revient en définitive, et dans tous les arts, à énoncer uniquement les propriétés naturelles des objets. Ainsi s'expliquent tant de paroles exclamatives, tant de propositions infinitives de Hugo :

A quelques pieds sous terre un silence profond,
  Et tant de bruit à la surface !
. . . .
Allemagne ! Allemagne ! Allemagne ! hélas !

De là encore la tendance des écoles réalistes à s'arrêter sans choix à tous les spectacles, comme s'il leur suffisait qu'ils existassent pour qu'il ne fallût pas les laisser perdre. Et si l'impressionniste note une tache de couleur, ce n'est encore que pour en attester, violemment et, faute de mieux, la précieuse authenticité. L'expression est la forme exclamative de l'art.

Toutes les sortes d'art se prêtent tour à tour à la proposition et à l'exclamation. Si des lignes ne sont plus coordonnées harmonieusement, une autre qualité en elles apparaît, elles se révèlent expressives suivant leur direction. Celles qui montent disent par exemple la joie, celles qui descendent la tristesse. Il faut que tout ce qui est sensible à nos yeux et à nos oreilles soit harmonique ou disharmonique et corresponde ainsi à ces deux instincts profonds qui nous partagent entre rechercher l'Unité et ne pas vouloir que rien s'en excepte.

Il semble cependant que la couleur et la ligne soient ici naturellement appelées à jouer deux rôles contraires et que l'une soit plus spontanément expressive, l'autre plus harmonieuse. Cela vient de ce que la ligne s'insinue autour de tout et non à l'intérieur : elle a la forme d'un lien, elle est faite pour unir. Elle est géométrie, elle se démontre à notre raison. Au contraire, la couleur est une sensation qui nous saisit. Elle agit sans délais sur notre rétine, non seulement selon son intensité propre, mais aussi en proportion de la superficie qu'elle recouvre. Elle a besoin pour valoir qu'on lui abandonne les surfaces et les formes qu'il lui faut, et c'est ainsi que le coloriste a son dessin spécial qui est orienté vers la mise en valeur des teintes et des tons [1]. Il en est un bel exemple à la rose septentrionale de la cathédrale de Chartres. Le verrier et l'architecte l'ont faite rutilante, au point qu'elle semble s'ébranler et vaciller sur elle-même quand la lumière la touche. Ce n'est pas tout. Avec une vertigineuse audace, ils l'ont parsemée de carrés concentriques dont les diagonales correspondent aux rayons du cercle et dans chacun ils ont

---

[1]. « Vous signalez fort bien que, particulièrement dans la question du dessin, on ne veut en peinture que le dessin du sculpteur, et cette erreur, sur laquelle a vécu toute l'école de *David*, est encore tout-puissante. » Delacroix, *Lettre à Thoré* (1840).

tracé une devise horizontale qui en contrarie la position. De sorte que ces carrés, outre qu'ils jurent d'être placés dans un cercle et parmi des formes incurvées, occupent tous dans l'espace une position différente et qu'ils semblent danser en l'air comme des cubes aux mains d'un jongleur. Je ne crois pas qu'on puisse aller plus loin dans la subordination expressive des lignes aux couleurs, ni faire appel à de plus rudes géométries. Les coloristes, qui sont les expressifs de la plastique, ne sont pas ceux, du reste, qui mettent les couleurs les plus saturées dans leurs tableaux, mais ceux qui utilisent le mieux les valeurs, ceux qui savent mettre les tons en mouvement, leur imprimer une agitation, les soulever comme des flots[1]. Où se vérifie de nouveau et essentiellement que l'expression traduit une foncière inquiétude.

---

1. M. Zola écrivait en tête du catalogue de l'exposition Manet, en 1884 : « Une seule règle a guidé Manet, la loi des valeurs, la façon dont un être ou un objet se comporte dans la lumière : l'évolution est partie de là, c'est la lumière qui dessine autant qu'elle colore, c'est la lumière qui met chaque chose à sa place, qui est la vie même de la scène peinte. »

*
* *

L'œuvre expressive suppose, du moins à son origine, l'émotion. L'une et l'autre, ce geste esthétique et ce phénomène pathétique, sont ruptures d'équilibre, dans l'œuvre et dans l'homme. Les œuvres expressives qui sont empreintes de la plus forte émotion sont historiquement les premières. Ainsi la poésie romantique dépasse en émotion celle des Parnassiens, qui sont des réalistes élégants. Cela s'entend aisément, puisque l'expression sort d'une révolte et revendique dans une violence l'affranchissement de la Beauté.

L'œuvre la plus pleinement harmonisée, si peu soit-elle expressive, trahit, où elle est expressive, un peu d'émotion et révèle un élément disharmonique. « Tel est le sourire étrange de *la Joconde*. Au dire de Vasari, Léonard travailla quatre ans à ce tableau. Enigmatique en sa complexité, l'expression de *la Joconde* a donné lieu à d'innombrables commentaires : beaucoup prétendent que le tableau est inachevé et que c'est là le secret de ce mystérieux sourire que le peintre aurait laissé ébauché sans avoir pu fixer la mimique caractéristique de cette belle tête, perpétuellement mobile et changeante. Vinci n'aurait-il pas cherché plutôt à donner au portrait de Lisa Joconda cette expression moqueuse, fine et délicate qui intrigue tous les observateurs, mais surtout par ce fait qu'elle est *unilatérale ?* Notons aussi l'artifice d'un strabisme très léger. D'après M. le professeur Pierret, c'est avec intention que le maître florentin a dessiné ce léger retroussis du coin gauche de la bouche : la Joconde est une moqueuse, elle tient à le faire voir à celui qu'elle regarde et c'est avec intention qu'elle a donné à la moitié gauche de son visage l'expression de la moquerie. C'est donc une *expression voulue* que Léonard de Vinci a cherché et réussi à peindre. Jean Carriès a érigé en principes l'idée de Léonard, il procède volontiers par asymétries mimiques qui donnent à ses figures leur cachet puissant et original[1]. »

1. D\' Raulin, *le Rire et les Exhilarants.*

Delacroix pensait qu'en appelant la vie du dehors au dedans de l'homme, le christianisme avait donné aux peintres le pas sur les sculpteurs. Il est en effet selon la foi que l'œuvre d'art religieuse se dérobe à l'orgueil de la perfection, ne se suffise jamais entièrement à elle-même et devienne semblable au chrétien qui a besoin d'une grâce pour obtenir son mérite. La sculpture n'a que des lignes à ordonner : il faut qu'elle subisse davantage la loi harmonieuse. Mais la peinture ne palpite qu'en troublant les lignes par des couleurs : elle est de l'inquiétude. Les sculpteurs veulent qu'un groupe fasse plaisir aux yeux, de quelque côté qu'on le regarde. Mais la peinture assigne au spectateur un éclairage et un point de vue. Elle est d'abord expressive, puisqu'on ne peut se mettre de l'autre côté d'un tableau pour le regarder et puisqu'elle ne consiste ainsi qu'à être convenablement incomplète. Aux sculpteurs Hellènes, qui avaient apporté aux hommes le sentiment du fini, le christianisme a fait tort en réveillant celui de l'infini. Depuis lors et, je crois, pour toujours, l'art est condamné à plus d'expression, — glorieusement !

On disputa souvent, et ces années dernières encore, s'il vaut mieux aux ouvrages des lettres, que la pensée domine l'émotion, ou le contraire. C'est toujours la querelle des deux Beautés qu'on recommence. En somme, l'émotion vaut en art le prix d'une pensée. Elle ne se justifie que par l'apport d'une notion nouvelle. Si l'élément dont elle souligne l'absence est représentatif de tout un ordre de vastes idées, elle s'atteste aussitôt largement humaine. Pour que la rupture émotive de l'équilibre soit belle, il faut qu'elle évoque hors de l'œuvre plus de choses qu'elle ne lui en retire et qu'elle se légitime par un gain suffisant.

Mais, en dépit de la variété qu'elle suscite, l'émotion rénovatrice demeure, au fond, toujours douloureuse, puisqu'elle part d'une impuissance et d'une séparation. Lorsqu'un frisson naturaliste transforme l'art roman et qu'un flot de sève frémissante afflue aux porches de Bourges et de Notre-Dame de Paris, on déchiffre, aux gestes ardents de la statuaire, le chagrin éternel de l'homme, le vieux tourment invétéré des temps modernes, « ce doute audacieux et investigateur », qui se lamente en mal d'un monde et qui ne se libérera quelque jour que par le cri de Luther, de Descartes et de Newton.

*
* *

L'émotion ne se soutient pas longtemps. Elle tombe, l'accès passé. Ce n'est, pour l'homme surpris, qu'une faculté de défense. Ensuite il organise ses actes et ses idées. La forme émotive de l'expression n'appartient qu'aux peuples capables et inquiets d'oser des ensembles harmonieux, car elle ne jaillit que dans une révolte. Les Japonais par exemple ne la connaissent guère, sauf au théâtre : ils se contentent de la curiosité. Chez ceux, comme nous, dont l'âme est aussi bien latine que barbare, l'émotion déserte l'œuvre d'art aussitôt qu'elle l'a modifiée : le romantisme est sans lendemain. Le besoin expressif subsiste cependant, mais non l'occasion d'une révolte, et une nouvelle esthétique se détermine. L'esprit scientifique ou la sincérité technique pousse alors les artistes à énumérer méthodiquement, à reproduire sans emphase l'universel. Ils s'assouvissent dans l'imitation : la période réaliste commence.

Le premier dessin fait par un homme aurait, au temps jadis, été tracé d'un charbon grossier par l'un de nous, qui voulait garder de la mortelle destruction les traits d'une figure aimée. L'anecdote est humaine. L'imitation, c'est de l'amour. Il y a dans le dessin d'un commençant qui copie la tête de Socrate la même tension avide que dans l'amour, la même frénésie d'assimilation, la jalousie d'un être qui en convoite un autre. Création et destruction : instinct pareil. Etreindre éperdument l'autre objet pour le confondre avec soi, pour l'établir dans son essence, pour s'identifier à lui ; et, pour cela, l'interroger, le toucher, le mordre, le griffer, l'étreindre, le briser, le détruire, si incoercible est en l'homme le tourment de l'Unité. Car celui qui ne peut réussir à copier un plâtre le casse, et celui que mine l'amoureuse douleur va jusqu'à tuer la femme qu'il aime. Ce n'est pas un jeu d'imiter, c'est au contraire une terrible aventure, une sanglante entreprise, car il ne s'y agit pas de reproduire les choses, mais de les faire siennes de toutes ses forces insuffisantes. La mort d'Yseult, chantée par une phrase immense, semblable au grandiose accent d'une douleur séculaire, sans cesse reprise avec une rage inconsolée, ne palpite-t-elle pas de la torture d'une folle imitation?

Vous remarquerez qu'imiter s'accommode mal de composer. L'imitation n'est donc pas une ouvrière d'harmonie (à moins que d'imiter un objet harmonieux) : elle relève, au contraire, de l'art expressif. C'est pourquoi des artistes harmonieux, comme Ingres, n'y voient qu'un procédé et s'ils donnent d'ordinaire un rôle prépondérant au dessin, c'est à cause du prix qu'ils attachent aux lignes, mais non à cause du prix qu'ils attachent à l'imitation, qu'ils sont bien loin de pratiquer si rigoureusement dans la recherche des couleurs. Au contraire l'imitation est un dogme pour les écoles expressives, et quand c'est le seul qu'elles admettent, l'art est devenu réaliste : il énonce les propriétés naturelles des objets. Ainsi Delacroix, en déliant les peintres du serment académique, a-t-il déterminé sur la peinture de ce siècle un vaste développement expressif dont le dernier terme aboutit à l'admirable école impressionniste et ce long effort acharné à saisir tout ce qu'il y a de plus imperceptiblement vibrant dans la vie, pour le transmuer en de la Beauté, s'inspire d'une révolte contre la beauté harmonieuse, d'où tout cela était proscrit. Ils ne voulurent même pas, au point de départ, l'amplifier d'une série nouvelle, mais résolument la détruire.

En somme, ils partent toujours, quand ils font œuvre expressive, d'un sentiment analogue à celui qui faisait écrire à Flaubert : « Il y a des paysages si beaux qu'on voudrait les presser contre son cœur. » C'est faute de se résigner à ne pouvoir inclure d'inexprimables sensations dans une catégorie harmonieuse, qu'ils renoncent à une harmonie qui les exclut. Les expressifs sont des gens à la recherche d'une brebis égarée...

*
* *

En dépit de la multitude des procédés qu'ils emploient, ils s'y prennent toujours de la même façon : ils font incomplet. Si par exemple, en restaurant une Cathédrale, on reproduisait toutes pareilles les deux tours de la façade, il est certain qu'on n'en accroîtrait pas la beauté et probable qu'on l'aurait détruite. Mais s'il avait pris à un architecte grec fantaisie de donner à deux colonnes symétriques des dimensions inégales, qu'eût-il subsisté de la beauté du temple? C'est la différence des deux Beautés : celle-ci veut être achevée, l'autre redoute de l'être.

Cassez une statue harmonieuse, les morceaux en sont expressifs. Il arrive qu'on exhume un torse antique mutilé; une surface grande comme la main, un muscle, une épaule, nous paraissent d'une admirable expression. Pourtant ce n'est pas cela qu'on admire d'abord dans une statue ancienne si elle est intacte, mais plutôt le rythme harmonieux. Il est au porche nord de Chartres quatre petits anges qui ensevelissent la Vierge. Ils n'ont plus de tête : sans doute le père Abraham a fait erreur et les emporta dans son tablier. Mais leurs mains survivent pour soulever ce linceul dans lequel repose la chair de prix où s'accomplit l'Incarnation. Ces mains, je vous le demande, pouvaient-elles être d'une beauté aussi délicate du temps que ces anges n'étaient pas décapités? Aussi voyons-nous qu'à notre époque toute endolorie de fièvre expressive, tant d'artistes s'épuisent à des ébauches, qui croiraient commettre un sacrilège s'ils achevaient[1].

Il manque donc nécessairement à l'œuvre expressive quelque chose d'humainement nécessaire ; c'en est le caractère le plus résis-

---

1. « L'édifice achevé enferme l'imagination dans un cercle et lui défend d'aller au delà. Peut-être que l'ébauche d'un ouvrage ne plaît tant, que parce que chacun l'achève à son gré. Les artistes doués d'un sentiment très marqué, en regardant et en admirant même un bel ouvrage, le critiquent non seulement dans les défauts qui s'y trouvent réellement, mais par rapport à la différence qu'il présente avec leur propre sentiment. » Delacroix.

tant. C'est de quoi Ruskin avait conscience lorsqu'il écrivait : « L'introduction d'un incident vigoureux ou violemment émouvant est toujours un aveu d'infériorité. » Mais toute leur habileté est de choisir le point où ils omettent l'harmonie. Ils semblent se tourner alors vers vous pour vous dire : « Passant, qui es un homme, tu achèveras cette ébauche à ma place en y entrant toi-même : éventuel inconnu, je te livre mon œuvre pour que tu y fasses tressaillir en outre ton obligatoire humanité. »

Un paysage de Poussin est construit avec de la campagne, de l'eau, des bois et un peu de ciel qui s'étagent et qui le remplissent. Mais un paysage de Corot sera fait d'un arbre et de rien d'autre que du ciel par dessus. Ce qu'il y manque, c'est ce qui serait à la place de tout ce grand ciel sans mesure, où il fait le vide pour attirer le vol de nos rêves. Le même Corot, quand il s'en allait travailler dès l'aube, disait : « On ne voit rien, tout y est. » Au milieu du jour, il pliait bagages, et reprenait : « On voit tout, rien n'y est plus. » Et là où l'on nous souligne qu'il n'y a plus rien, c'est le lieu de mettre quelque chose d'impérieusement attendu : tout nous-mêmes. Il est des femmes qui veulent ainsi qu'on leur dise ce qu'elles pensent : elles ne s'expriment qu'avec du silence passionné...

Mais cette œuvre que voilà incomplète et silencieuse, il fallait encore qu'elle le fût d'une certaine façon. Dans les *Croisés à Constantinople*, ce vainqueur hautain et triste sur son cheval nous est présenté comme un triomphateur énigmatique, afin que nous cherchions au fond de nous un peu de son âme désolée. Le spectacle de sa victoire, les femmes et les vieillards précipités et le mouvement si beau de son cheval font sa tristesse mystérieuse et nous sollicitent en racontant le cas de sa défaillance.

De même la laideur de ce Christ de Mathias Grünewald qu'à mon tour je vis à Colmar, à la tête « tumultueuse et énorme », dont la bouche « descellée, » comme dit Huysmans, rit « avec sa mâchoire contractée par des secousses tétaniques, atroces », dont les plaies suintent un liquide jaunâtre comme un petit vin de Moselle, suscite furieusement l'idée du rachat des vicieuses humanités dont elle est garante : la laideur puissante de cet être expiatoire emporte avec elle toute la théologie ; elle est symétrique, hors de l'œuvre, avec la laideur des péchés.

Et la si triste expression qu'a mise Puvis de Chavannes dans son *Pauvre Pêcheur!* D'un côté les personnages, humbles et hâves, chétifs et doux, de l'autre, rien, sinon le dénûment d'un horizon sommaire...

L'œuvre expressive exige sans doute aussi des proportions, des rapports, des symétries et une composition ; mais il est en elle quelque endroit où tout cela manque : c'est où il n'y a plus rien qu'elle s'exprime. C'est où elle finit qu'elle commence. C'est en ce point qu'elle énonce l'élément complémentaire dont elle veut que nous lui fassions l'apport. Elle ne se suffit pas ; elle appelle. L'équilibre ne s'y manifeste que par notre présence. C'est à nous qu'elle emprunte le poids de sa Beauté.

※

Mais l'homme, quand il paraît devant elle, y vient avec tout lui-même. Il y apporte sa race, ses mœurs et sa science, son tempérament, ses habitudes et sa foi. Dès lors elle s'oriente immodérément vers lui. Aussi date-t-elle davantage et impose-t-elle à qui la voit ou l'entend un point de vue désigné.

Ainsi se crée-t-il peu à peu, en regard de la beauté primitive, une beauté d'évolution. La matière se gonfle de suc et se renouvelle à mesure que nos coutumes changent, et la nouveauté elle-même, que nous aimons à trouver en de telles œuvres et qui justement les fait expressives, n'est qu'une confrontation perpétuelle de la Beauté avec les notions acquises. Les œuvres expressives nous proposent donc de les regarder sous un certain angle et nous désignent l'homme qu'il faut être pour les entendre. C'est ce qui avait frappé les philosophes anglais, quand ils s'efforçaient de rendre compte du sentiment du Beau par une conformité des objets avec nos associations d'idées. Tandis que le Parthénon soumet tous les yeux à son inflexible gloire, une Cathédrale s'embrume et s'enfonce dans la nuit séculaire, comme un grand vaisseau poussé par un vent mystérieux qui souffle on ne sait de quel ciel, lorsque les hommes ont désappris le sens des symboles qui en déterminèrent la voûte, les verrières et la sculpture. Elle n'a de sens que pour celui qui sait de quel lieu de son esprit il faut la regarder; seule, la structure logique s'en éternise. Il est douteux qu'un Grec subitement ressuscité entendît grand chose aux symphonies de Beethoven, aux drames de Wagner, aux intenses déclarations de vie de M. Besnard, à tout notre art devenu si expressif. Mais peut-être bien qu'il écouterait avec plaisir du Palestrina, car une moindre adaptation mentale y semble préalablement requise. De même la poésie étrangère reste lettre morte pour nous, jusqu'à ce que nous ayons pénétré l'esprit des races qui en ont porté la fleur.

Cette importance du point de vue, qu'a si fort accusée chez nous le développement expressif de l'art, nous a fait reculer les frontières classiques où fut longtemps restreinte la Beauté. Elle est apparue partout, elle a illuminé tout, parce qu'il y a, autour de toutes choses, une infinité d'endroits d'où on les peut regarder. Une église de style jésuite est de soi-même quelque chose de laid. Mais la vie de piété qui s'y est consommée peut en avoir tout de même amélioré l'aspect. De piteuses architectures ont fini quelquefois par se transfigurer à force qu'elles fussent baignées de vie mystique. De même *le Moulin de la Galette* de Renoir ou des jockeys de M. Degas transposent en Beauté d'ambiantes laideurs, par la façon d'y regarder qu'ils déterminent...

Ce qui montre vraiment que l'expression, à son point d'arrivée comme à son point de départ, crie universellement vers tout.

Faute d'être une musique, l'art est une parole.

MOUVEMENT

IV

MOUVEMENT

Nous voilà maîtres de la loi de Beauté, et je crois que l'on peut ainsi ramasser tout ce qui vient d'être déduit.

L'homme originairement possédé du sentiment de l'Unité cherche infatigablement à lui donner corps dans tout ce qu'il entreprend. Il s'en réserve notamment dans l'art la contemplation. Il en concrétise les propriétés dans les formes qu'il imprime à la matière, afin de s'en repaître et d'en dévorer la vertu métaphysique. Il assemble, selon la loi des nombres, des sons ou des couleurs spécialement inutiles, pour le seul plaisir de les rapprocher. Mais l'harmonie ainsi constituée, en conférant un caractère spécifique à tous les objets qu'elle assemble, exclut tout le reste de l'univers. Dès qu'il s'en aperçoit, une douleur en lui s'accumule et jette ses énergies vers la quête jalouse du monde qui allait lui échapper. Il s'ingénie alors à marquer dans ses ouvrages l'absence de tout ce qu'il n'y peut mettre. Il les fait secrètement incomplets, il les élargit d'un manque, il les accroît d'une défaillance, il les brise du surcroît de quelque réalité disharmonique, et c'est en quoi consiste l'expression...

En somme, nous cherchons à faire fonctionner notre esprit à vide pour la joie de contempler les lois qui meuvent notre esprit. Mais, comme ces lois sont universelles, nous ne tardons pas à sentir que l'univers nous manque et nous nous mettons en devoir de nous le procurer. Nous nous partageons ainsi entre la loi universelle et la notion universelle, que nous prétendons égaler. C'est à confronter de la sorte le concret et l'abstrait qu'en résumé se réduit l'activité esthétique.

Après avoir distingué l'harmonieux de l'expressif, il reste à montrer qu'ils se mêlent en réalité et qu'ils se pénètrent partout, et selon quelle mesure l'on en peut faire le départ.

*
* *

Il arrive d'abord que les artistes en utilisent délibérément l'opposition dans le franc dessein de créer un contraste, ce qui est dire une symétrie et par conséquent une harmonie. Ainsi est figuré au porche de la plupart de nos Cathédrales un *Jugement dernier* : celui de Bourges est admirable. Or les Gothiques[1] ne manquent jamais d'y dresser en face l'une de l'autre les deux Beautés. A la gauche du Justicier ils vermiculent un fouillis de lignes violentes : des têtes grimacent, des jambes flageolent, des bras se nouent, des corps se renversent ; à sa droite, ils simulent la joie paradisiaque par le doux parallélisme des vêtements qui tombent, la

---

1. Et je sais bien, en disant « les Gothiques », que les Goths n'y sont pour rien. J'emploie sciemment un terme erroné, de peur de ne pas être entendu si je disais : « les architectes français ».

sainteté des gestes simples, la béatitude des visages pacifiques. De telle sorte que l'on y peut apercevoir, comme l'on découvre dans les failles de la terre les couches successives dont un sol s'est formé, trois stratifications esthétiques : l'harmonie des élus, l'expression des maudits, et ensuite un nouveau système qui ordonne le tout en opposant cette harmonie à cette expression dans une nouvelle et plus vaste harmonie. De même le poème de Dante offre, dans son aspect général, une composition pareille et montre encore que l'enrichissement expressif de l'art, loin d'être jamais définitif, appelle toujours d'ultérieures coordinations harmonieuses.

Au reste, les œuvres les plus empreintes de l'un des deux caractères n'excluent jamais l'autre complètement. L'art grec, et jusque dans l'architecture qui est l'art le plus harmonisant, ne se passe jamais complètement d'expression. Frises et bas-reliefs allument au front des temples une lueur de vie. Mais un tapis de Smyrne, aussi bien qu'une sonate de Schumann, s'agence toujours avec quelque régularité.

L'œuvre la plus harmonieuse est issue au moins d'un germe expressif. Le besoin qu'ont eu un jour les Grecs d'édifier des temples pour leurs dieux, les matériaux du pays qui leur imposèrent de certains modes de construction, l'aspect de la nature qui leur inspira de la préférence pour certaines lignes, le climat, les mœurs, les circonstances politiques, autant de conditions qui limitèrent et qui précisèrent la donnée de l'œuvre, de telle façon qu'elle se rattache encore à la vie et qu'elle garde tout de même le signe d'une époque, si harmonieusement générale qu'en soit la formule.

D'autre part, il n'est pas d'œuvre si follement expressive qu'elle ne s'unifie dans la subordination des parties liées à ce caractère dominateur qui commande toute l'esthétique de Taine. La violence d'une passion tragique, fût-elle désordonnée, fait l'unité d'un drame de Shakespeare. C'est le peuple de Flandre lui-même qui harmonise avec sa grande verve l'exubérance de la Kermesse. L'art, s'il demande davantage à la vie, lui emprunte naturellement aussi cette unité d'organisation sans laquelle rien n'existe dans la nature. Quand Balzac crée sans ordre et de toutes pièces des humanités toutes vivantes, c'est, il est vrai, avec des éléments crûment exacts, mais que sans faute il discipline vers d'inflexibles concordances. « Son talent, dit Taine, consiste toujours à ramasser une quantité énorme d'éléments formateurs et d'influences morales en un seul lit et sur une seule pente, comme autant d'eaux qui viendront enfler et précipiter le même courant. »

C'est ainsi que toutes les œuvres d'art sont à la fois harmonie et expression. La prédominance marquée de l'un ou de l'autre y est même exceptionnelle, et nous avons dû, pour nous en expliquer, ne recourir qu'aux exemples les plus caractéristiques. Il eût été plus difficile de séparer tout cela sur un pastel de Latour. La tension de la pensée, le labeur d'art, l'éducation, les associations d'idées conduisent peu à peu les artistes à considérer à la fois et indistinctement en toutes choses l'élément harmonique et la qualité expressive : ce finit par être tout spontanément, subitement et continûment qu'ils en opèrent la fusion. « Tout ce qui est dans l'univers par essence, présence ou imagination, dit Léonard de Vinci, le peintre l'a dans l'esprit d'abord, puis dans les mains, et ces mains sont d'une telle excellence qu'elles créent une harmonie de proportions saisies d'un seul regard, comme font les choses sensibles elles-mêmes. »

Quand Pascal écrit : « L'homme n'est qu'un roseau », la beauté mémorable de la phrase apparaît d'abord expressive ; il crie là quelque chose d'émouvant et d'inattendu et l'on devine, à je ne sais quelle humeur de victoire qu'on y sent percer, que la pensée de l'homme vient de s'élargir. Mais le juste rapport qui s'établit aussitôt entre notre destin et ce signe de fragilité communique du même coup à cette image un caractère harmonieux. Et lorsque Pascal reprend ensuite : « ... un roseau pensant », les deux aspects réapparaissent encore dans cette seconde affirmation, de nouveau audacieuse et légitime. Voilà comment l'harmonie est toujours expressive, l'expressivité harmonieuse.

Lorsqu'en ces dernières années, les Rose-

Croix s'éprirent d'art mystique, les deux tendances que je signale ici se fondaient visiblement encore dans cette velléité d'art. Car on demandait alors au mystère et au symbole l'apport d'un élément supérieur, d'un principe accordé, dont la vertu harmonieuse ordonnât de haut la composition dans je ne sais quel calme plat théosophique, en même temps que les Primitifs, les éphèbes et les tuberculeux étaient mis à contribution pour l'imitation des gestes graves, pour l'expression de la douleur, du silence et de la pensée.

Ces deux états allotropiques de l'œuvre d'art sont donc simultanés et profondément confondus. L'antinomie en serait même insoupçonnée, si la vie muette dont elle est profondément travaillée ne révélait partout des conflits. L'effort que tour à tour lui apportent des générations et des générations d'artistes se traduit par une perpétuelle assimilation de nouveaux éléments expressifs, remplaçant des éléments usés que la transformation harmonieuse a rendus inexpressifs. De là, l'activité secrète de la Beauté. Chaque fois qu'elle s'accroît d'une nouvelle nourriture, elle trahit joyeusement le surcroît de sa force; elle marque par sa mobilité son excès d'énergie. Le mouvement, voilà à quoi se reconnaissent et se mesurent le renouveau, la vigueur, la réserve vitale et, en un mot, la richesse expressive de l'œuvre d'art.

*
* *

Il y a des œuvres qui *ont du mouvement*; et, quand on dit cela, ce n'est pas d'une église romane que l'on parle, ni d'un paysage mythologique de Poussin, ni d'un poème de Leconte de Lisle. On n'entend pas non plus par là dire uniquement que de telles œuvres représentent des gens qui marchent ou qui dansent, ou bien des choses prises sur le vif dans le moment qu'elles se déplacent. La vitesse des objets représentés n'y est souvent pour rien. On veut plutôt désigner ainsi, le sujet mis à part, un équilibre instable de la matière agencée, une violence qui l'incline ou qui la soulève. La *Marseillaise* de Delacroix qui est au Louvre, ou celle de Rude qui décore l'Arc de Triomphe, la neuvième Symphonie de Beethoven, les magnifiques Jordaens du Musée de Bruxelles, des strophes de Victor Hugo, nos clochers français d'une telle sveltesse ajustent l'idée qu'il faut s'en faire. Le plus ou moins de mouvement dont s'anime une œuvre d'art se pourrait graduer de la peinture flamande au Parthénon. C'est en somme une force externe et initiale qui en entraîne toutes les parties hors de leur gravitation et il s'y agit de tous les incidents où s'enregistre un superflu d'énergie. C'est à ce dynamomètre que s'évalue la quantité d'expression qu'il y a dans une œuvre.

Que l'art le plus mouvementé soit le plus expressif, cela se conçoit aisément si l'on se reporte à toutes les explications précédemment données. Les œuvres harmonieuses à savoir sont faites de contrastes, d'équivalences, de pondération, de symétrie. Comme elles sont tout équilibre, il est nécessaire que chacun des éléments que l'on y fait entrer, soit contrebalancé par un autre ou par l'ensemble, et si l'artiste y inscrit, par exemple, une ligne qui marque quelque mouvement, il en trace une seconde de mouvement contraire. Ainsi procède-t-on en musique pour donner de la plénitude à une succession d'accords : on fait marcher inversement les parties. Par exemple encore, en décorant l'église d'Emmaüsi à Prague, les Bénédictins de Beuron, toujours âpres à la symétrie, ont groupé partout de saints personnages dont les auréoles d'or, soigneusement distribuées, semblent mesurer tout l'espace rempli. S'ils en ont mis une au milieu d'un sujet et deux à gauche, vous pouvez être sûr d'en trouver deux à droite et dans la position inverse. Ceci annule cela et retire à ces œuvres, inflexiblement harmonieuses, le sens d'aucun mouvement. C'est de la mécanique élémentaire : dans les œuvres d'harmonie, des mouvements de sens contraire se détruisent : de là, le calme d'un fronton grec.

Le mouvement, du reste, offre, de soi-même, le type de l'élément expressif. L'œuvre expressive, avons-nous dit, c'est celle qui est essentiellement incomplète ; or, l'instabilité est une imperfection, la dernière réduction de l'existence. L'œuvre qui est agencée dans un mouvement est localisée dans un moment ; elle n'a pas ce reposant aspect d'éternité qui émane d'une architecture solidement assise. Eh ! quoi, je ne puis suspendre ma vie pour rester le contemporain passionné de ces saintes qui éternisent à Chartres la minute exquise d'un geste passager. Je vivais avant que de les voir et je vis encore, moi qui les ai vues. Ni elles, ni moi, nous ne pouvons nous immobiliser dans un instant. Mais si elles m'émeuvent, c'est parce que toute une vie de suave sainteté que je leur prête les a conduites une fois jusqu'à cette insaisissable allure et prépara ce sourire unique qui a passé sur leur visage; c'est aussi parce que toute la grande Cathédrale qui est là, et dont elles sont une pierre, exige d'elles ce chaste pli de leurs vêtures. C'est assez d'un peu de mouvement qui les assouplit à peine et qui les rattache à tant de choses, pour qu'une évocation immense les transfigure et pour qu'au lieu de m'offrir quelque pesante réalité, elles ne soient plus désolément que des signes splendides ! L'œuvre qui consiste en une tendance est toute traversée de passé et d'avenir : elle est remplie de tout ce qu'elle n'est pas. Elle consiste à être inconsistante. Elle se nie soi-même pour affirmer le monde, et c'est bien là le type de l'œuvre d'expression. Une danseuse de M. Degas donne un étrange sentiment de brièveté.

Nous en eûmes singulièrement l'impression l'autre année en regardant danser la tragédienne Sada Yacco. Des audaces d'une rare intensité expressive se disciplinaient, sur toute sa japonaise personne, en un composite et volontaire poème du mouvement. Quand nous la vîmes mourir dans *Ghésha et le Chevalier*, son masque d'ivoire prit avec une horrible gentillesse la stupeur de l'agonie; puis elle passa, sans qu'un pli de sa face eût bougé, et nous en fit savoir l'instant précis rien qu'au changement de couleur de ses yeux fixes. Mais qu'elle était plus belle encore à regarder vivre, vivre toute mobile ! Peurs presque drôles, désinvoltures minutieuses, tendresses poignantes et bizarres, fantaisies brusques et sûres, angoisses puériles, le plus pur, le plus féminin, le plus originel jaillissement de la passion, de tout cela elle composait en artiste la trame harmonieuse d'un indéfini devenir. Un nouvel essor à tout moment suppléait aux défaillances de sa grâce antérieure. Elle scandait pourtant les plus précieux passages de ce récit temporel par l'arrêt voulu de toutes ses évolutions sur des instants de choix où elle figeait tout d'un coup les rencontres de sa cruelle souplesse. A chacune de ces pauses, on éprouvait du malaise et de l'admiration, car c'est un violent artifice que d'arrêter ainsi du mouvement sans raison. A chaque fois, l'on sentait devant et derrière elle apparaître des cortèges de phénomènes éphémères, soudain évoqués pour la justification des rythmes arbitrairement suspendus. Elle me paraissait vraiment alors l'image de cette boiteuse œuvre d'art où l'homme s'enhardit jusqu'à arrêter le soleil.

Dès qu'on raisonne de chacun des artifices auxquels une œuvre d'art peut emprunter du mouvement, on y découvre aussitôt l'élément expressif. La valeur propre des lignes tient par exemple à leur direction. Si on les coordonne, le mouvement se renforce ; si on les contrarie, il s'atténue : on fait de l'harmonie. Mais cette primitive valeur de leur direction, Ch. Henry a montré savamment qu'elle venait de nos gestes auxquels nous les rapportons et qui leur confèrent un sens dynamique. C'est donc nous qui entrons ici en scène pour donner une signification à d'abstraits dessins qu'on nous eût pu croire indifférents. L'œuvre linéaire, dès qu'elle s'anime, suppose hors d'elle aussitôt les mouvements humains et par là se trahit expressive.

S'agit-il des couleurs, on sait que les choses peintes doivent leur vie non pas tant à la distribution des teintes qu'à la hiérarchie des valeurs. Mais les valeurs, c'est le degré de participation de chaque objet à la lumière, sa soif de soleil, l'avidité avec laquelle il prend sa part de clarté et se réclame de cet univers, dont l'influence est la désorganisatrice des harmonies.

Il est vrai aussi que toute musique est mouvement ; mais il y a de la musique particulièrement passionnée. Or si la mélodie y devient haletante ou précipitée, ce n'est toujours qu'à l'imitation de la parole humaine dont elle est comme une projection amplifiée, de sorte que c'est alors à un certain réalisme qu'elle doit plus de mouvement. D'ailleurs ce sont le plus ordinairement les mélodistes qui écrivent de la musique harmonieuse, et les artifices de l'harmonie semblent plus familiers aux musiciens expressifs. Il y a plus de mouvement dans les quatuors de Schumann ou de Franck que dans toute la musique italienne. Cela tient à l'usage somptueux qu'ils savent faire des accords appelés à tort ou à raison dissonants, dont les éléments sont en équilibre instable, subissent l'attraction d'une note voisine et demandent une résolution. Ce sont précisément aussi ceux qui représentent les rapports mathématiques les moins simples, et donc les moins harmonieux.

Une page littéraire qui a du mouvement est le fait enfin non de l'écrivain qui raisonne, mais de celui qui met en scène, qui décrit, qui colore ou qui chante, qui emprunte au peintre sa palette et au musicien son clavier, de l'écrivain qui cherche des procédés hors de son art. Or celui-là fait œuvre expressive, puisqu'il s'évade de l'harmonie purement verbale, qui est d'affirmer et de raisonner, et qu'il lui faut en outre les ressources universelles.

Ainsi apercevons-nous à l'analyse que partout où l'équilibre harmonieux s'affaiblit ou se rompt, les forces qu'il emprisonnait se libèrent, s'échappent et révèlent en expression leur quantité d'énergie.

*
* *

De telle sorte que l'art tire du renouvellement expressif toute l'énergie qui se dépense aux évolutions du goût, car l'harmonie et l'expression se comportent bien diversement dans l'histoire de l'art.

Qu'elle soit ou non mêlée d'expressif, l'harmonie apparaît ou disparaît, elle est ou cesse d'être prépondérante ; mais elle n'évolue pas ; elle change seulement d'évidence suivant l'heure et suivant la maîtrise des artistes. Corneille et Racine diffèrent d'expression, mais c'est toujours la même harmonie qu'ils réalisent, que l'un oppose le devoir à la passion ou que l'autre mette la passion aux prises avec elle-même. D'une cathédrale à l'autre vous vérifiez les mêmes principes de construction, la même subordination des parties dont la proportion seulement fut variée. L'harmonie est une fixité.

Aussi les œuvres d'art lui doivent-elles leur assiette et leur durée. Nous avons montré que les plus expressives étaient harmonieuses par quelque endroit. C'est en cet endroit qu'il faut chercher la pierre angulaire de toute œuvre éternelle, car c'est toujours sa composition qui la soutient. Les contemporains de Delacroix ont pu être frappés par la vision qu'il eut de l'Orient, mais ce n'est plus guère cela qu'aujourd'hui nous admirons dans ses tableaux, c'est la construction colorée que nous valut cette expressive occasion. Les contemporains sont aveuglés par l'expression; c'est ce qui explique leurs incompréhensibles jugements. Mais la solide beauté des œuvres, qui leur était dissimulée par cette parure de nouveauté toute vive, apparaît à mesure que le temps les en dépouille. Le temps même opère ici de lentes merveilles; il lustre, il patine, il transpose, il harmonise la matière. Il souligne, il fond et il consomme toutes les mélodieuses affinités dont à son insu l'ouvrier délicat les avait faites. Du moins choisit-il avec sévérité ceux dont il consent à se faire le collaborateur. Il n'appelle à cette élection que les plus exquis. Ce sera par exemple un Watteau dont les contemporains regrettaient qu'il gâchât les couleurs avec si peu de soin et ce n'est pas sans une orgueilleuse curiosité que nous assistons aujourd'hui à l'embellissement harmonieux des toiles de M. Renoir. Heureux ceux qui, à leur insu, rencontrèrent le vieillissement harmonieux, tandis qu'ils cherchaient la jeunesse de l'expression !

C'est tout au contraire l'expression qui renouvelle le labeur des artistes et qui rénove les écoles. L'évolution d'un artiste est celle de son expression. Le vers harmonieux de Lamartine reste jusqu'à la fin semblable à lui-même ; mais le vers expressif de Hugo se transforme à tel point que le vieillard ne semble plus être un jour que le petit-fils du jeune homme romantique. A mesure qu'un artiste s'élève, il se cherche une forme de plus en plus évocatrice[1]. Rembrandt commence, dans la *Leçon d'Anatomie*, par opposer la vie à la mort, du noir et du blanc, et il étend dans une éclatante blancheur un cadavre les pieds dans l'ombre. Mais quand son génie passe par les suprêmes transformations, il peint la tête d'Homère avec tout ce qu'il peut ; il lui met sur la face du vermillon, du vert, de l'ocre et du cobalt, avec rage. De même on accordera que la musique de *Tristan* est plus intensément musicale que celle de *Lohengrin*. C'est vers cela, vers n'être plus qu'une magnifique tension de nos forces éperdues que monte le dernier coup d'aile expressif. L'expression suprême accuse un suprême désir.

---

1. Janmot formulait déjà cette loi que « la variété des êtres est en raison directe de leur activité ».

Comme un pendule va et vient suivant qu'il a tour à tour épuisé sa force initiale et l'attrait de la gravitation, ainsi oscille le goût esthétique. Quand se manifeste l'énergie expressive, c'est d'abord en toute vigueur comme il sied que de l'énergie se manifeste : elle vient d'une souffrance qui porta sur notre sincérité. *Segnius homines bona quam mala sentiunt*. Mais ensuite, à mesure qu'on s'éloigne, en descendant l'histoire de l'art, de ces premiers mouvements expressifs, on voit apparaître les écoles réalistes, qui, faute d'unifier leurs œuvres par le jet d'une passion dominante, nous mènent peu à peu à remettre en honneur, de quelque manière inattendue, la tradition de régularité. Elles servent le plus ordinairement d'intermédiaires entre les périodes harmonieuses et les périodes violemment expressives, dans quelque sens que l'art se trouve emporté. Nous voyons l'esprit réaliste poindre dans l'art grec à la suite de l'âge classique, puis chez nous prolonger notre pur XIIIe siècle dont il développe le surcroît ornemental, puis encore apparaître après le romantisme sentimental avec notre roman si artificieusement composé et la poésie parnassienne ciselant des poèmes de perfection.

Il y a lieu de tenir compte ici de notre lassitude morale, comme aussi de la fatigue de nos sens, après la dépense d'énergie faite aux époques expressives. Il se produit une détente ; nous économisons nos forces dans l'imitation ; nous dédoublons les mouvements pour nous ménager. Ce qui fut d'abord exprimé dans la spontanéité de l'énergie débordante, on le répète une seconde fois pour le repos de l'organisme. La sourde action des réflexes nous mène insensiblement à chercher des symétries. Il y a ainsi, par désir et fatigue, une force alternée qui nous porte tour à tour à mettre de l'ordre dans les expressions acquises et du désordre dans les menteuses harmonies.

Ce sont donc une beauté statique et une beauté dynamique.

*
* *

Les Grecs, qui avaient été surtout frappés par le caractère harmonieux de la Beauté furent embarrassés lorsqu'il leur fallut rendre raison de la beauté expressive, qu'ils n'avaient guère rencontrée que dans le drame. C'est pourquoi Aristote inventa la fameuse théorie de la κάθαρσις ou purgation. Le sentiment de la Beauté étant le résultat d'un exercice heureux de notre activité, enseignait-il, la beauté du drame se justifie en ce qu'il nous permet de nous soulager d'une certaine quantité d'énergie emmagasinée. Le théâtre, où nous nous enfermons plusieurs heures pour rire ou pour pleurer, peut bien s'accommoder d'une telle explication. Mais il serait difficile de dire s'il y a une plus grande dépense d'activité à regarder Raphaël ou Véronèse. La théorie de la κάθαρσις reprend au contraire toute sa consistance si nous la transposons du plan sentimental sur le plan intellectuel. Le rôle de l'expressif devient alors de nous délivrer de la limite imposée à notre intelligence par l'œuvre harmonieuse, qui porte en elle la notion du fini, et de nous permettre une dépense de curiosité. Ce que l'homme ne peut embrasser, il le pleure. Où il ne peut plus exercer son intelligence, il met sa sensibilité. Où il n'y a plus dynamogénie, eût dit Charles Henry, l'inhibition se manifeste, et réciproquement[1]...

---

1. M. Griveau dresse une statistique de nos adjectifs. Il les dispose qualitativement de haut en bas et quantitativement de gauche à droite. Soit la série horizontale suivante :

« Glacial, froid, frais, *mixte*, tiède, chaud, brûlant. »

Il constate d'abord le caractère péjoratif des épithètes situées aux deux confins de cette gamme, puis le caractère indifférent de celles du milieu. Cette polarité établie, il observe que les zones d'appréciation favorable, les lieux esthétiques en somme, se trouvent situés à droite et à gauche du centre et se font contraste (signes — et +). Cela le conduit à s'apercevoir qu'un schéma bâti avec du langage revêt un caractère physiologique : le péril organique limite aux deux extrêmes nos sensations esthétiques. Dès lors la loi physiologique s'applique : la sensation ne peut dépasser un certain taux sans que la force motrice ne s'abaisse en nous d'un certain degré et inversement. Déjà Ch. Henry s'était réclamé de ces principes pour établir qu'en art l'hyperesthésie entraîne une dépression de nos forces (inhibition) et que l'accroissement d'énergie (dynamogénie) coïncide avec l'effet anesthésiant. Sur quoi M. Griveau s'appuie pour établir la trajectoire de nos sensations esthétiques...

Or voici ce que, de mon point de vue, j'aperçois en ces déductions et ce que j'en retiens précieusement. C'est qu'en poussant une étude de l'*expression* verbale (puisque ce n'est pas de la syntaxe qu'il part, mais du mot qualificatif, énumérateur du

Nous retrouvons en somme ici ces deux forces cohésive et expansive qui mènent les astres, l'une qui les meut, l'autre qui les fait dévier, l'une qui les chasse, l'autre qui les groupe, l'une qui leur imprime leur mouvement, l'autre qui détermine l'orbite qui est la forme de leur mouvement. L'expression joue ainsi le rôle d'un moteur : elle est la sève, la verdeur et l'activité des œuvres d'art. L'harmonie ressemble, au contraire, à une machine légère, impalpable et incalculablement puissante, faite avec de l'espace, des nombres, des racines et des surfaces, abstraite, fine et formidable, fermement construite avec du rien. Elle est de soi-même immobile, virtuelle et invisible, si on ne lui apporte de la vitesse. Mais qu'un homme s'émeuve et elle se meut. Ses formes se décèlent et deviennent soudain maniables, s'emplissent de matière et se dévoilent en toute hardiesse. Elle joue immensément et ses irrésistibles organes viennent s'arrêter à

---

monde) il aboutit nécessairement à une théorie du mouvement et à une notion dynamique du Beau. D'analyser l'*expression* le conduit à établir une *mécanique* esthétique.

la forme précise du chef-d'œuvre. Toute la force qu'on lui a transmise, elle la fait expirer au profit d'une femme, aux lèvres d'un poète ou à la gracilité aérienne d'un campanile.

* * *

Qu'est-ce que l'art? Le jeu de la vérité et du mensonge. Mais il y a deux vérités, l'une qui est en nous et l'autre qui est dans le monde, la réalité de notre désir et la réalité du monde. Nous tâchons à les coordonner, puis nous désordonnons les ouvrages où nous n'y pouvons réussir. Successivement nous oublions le monde pour contempler la loi de notre esprit harmonieux, et nous oublions l'exigence de notre esprit pour nous replonger dans la vastitude du monde. C'est tout. Nous faisons ainsi l'œuvre d'art mentir à l'univers pour nous y repaître volontairement de l'absolu, mais dès que l'artifice se laisse voir, notre sincérité se rebelle et nous détruisons l'ouvrage. De là l'angoisse éternelle de l'art. Le voici, depuis l'aube des temps, s'attachant sans fatigue à modeler la même matière et condamné jusqu'au dernier crépuscule à ce vain et sublime mouvement de ses organes soulevés et réprimés tour à tour, à ces deux souffles qui sont le signe et la condition de sa vie séculaire. Comme une grande respiration humaine!

DOULOUREUSEMENT...

V

DOULOUREUSEMENT...

La sibylle écrivait ses oracles sur des feuilles de chêne que le vent dispersait... L'homme moderne a jeté ainsi un peu de son âme à tous les horizons. Quel artiste en saurait ordonner les multiples inquiétudes ?

L'expression dont sont éloquentes les œuvres des plus grands artistes de ce temps-ci est spécialement douloureuse. C'en est le caractère dominateur. En les comparant, on remarque chez eux que le sujet n'importe guère, mais que c'est la matière même de l'œuvre qui est vivante. Rien de sentimental donc, sauf un peu d'amertume. Leur âme est à la forme verbale ou à la surface colorée. Ils y ont imprimé leur personne. D'où l'intensité folle de l'expression. Ils eurent cette piété de mettre jusque dans leur faire le plus sacré d'eux-mêmes. Leur style, c'est leur âme, en toute anxiété.

Quand elle quittera la variété déconcertante de ce monde, elle s'en évadera sous la forme silencieuse et avec la délicatesse triste de ces femmes d'Henry Lerolle, qui glissent, légères et pauvres, dans des paysages vastes et simples.

Que je nomme Dampt ou Carriès ou Constantin Meunier, Verhaeren ou de Régnier, d'Indy ou Whistler, ou Berthe Morizot, j'en rencontre de toutes parts qui sont d'une tenue haute et d'une grave allure.

*
* *

Carrière sait la vanité des attitudes. De nos gestes et de toutes les formes, ce qui nous émeut et nous trouble, ce n'est point comme elles se fixent, mais d'où elles viennent et où elles vont. Les saisir seulement quand elles s'apaisent et qu'elles s'arrêtent, c'est oublier toute la vie. C'est, pour composer l'harmonie d'une œuvre, en omettre l'humanité, l'unifier donc en l'amoindrissant. Que m'importe l'harmonieuse immobilité des lignes, si l'infinie mobilité de mon âme ne s'y apparaît point? Carrière proscrira par conséquent de son tableau cette beauté glaciale et morte qui en solidifierait les formes, comme un cristal géométrique. Les siennes surgissent : des fantômes. Dans nos vains mouvements, il y a toujours quelque chose d'insaisissable où crie l'amour. C'est de cela qu'il s'agit. Regardez cette admirable toile qui est faite d'un baiser maternel. Sur cette bouche qui se tend vers un front d'enfant, non chaste et pacifique, mais sensuelle, insouciamment humaine, furieusement belle, chargée de tendresse et lourde comme un fruit d'automne, sur cette face blême qui l'offre et qui supporte comme un saignant fardeau le poids des lèvres, est-ce que la douleur de tous les hommes possédés de désir et déçus d'amour inapaisé ne se révèle point impérieuse? Et il y a près de là une autre petite tête qui attend à son tour le baiser de ces lèvres fiévreuses que pas même un front d'enfant ne saurait rafraîchir... Ah! que s'évanouisse donc tout le reste, un intérieur inutile et la prolixité des couleurs, puériles distractions! C'est pourquoi cette brume émouvante, cette fumée d'où surgissent les apparitions, et de chacune d'elles cela seulement qui est caractéristique, et avec plus ou moins d'intensité selon qu'il s'y accuse plus ou moins de passion blémissante, — de prépondérantes apparitions, les seules essentiellement véridiques. Carrière unifie chacune de ses œuvres en illuminant les formes subites de la passion. Il supprime le reste pour exalter cela. Il les veut unifier dans la profondeur d'une expression. Expressif, il l'est désespérément, faute que l'homme d'aujourd'hui soit assez puissant pour les généralisations majestueuses. Mais quelle délicatesse supérieure il fallut pour y mettre le plus et le moins possible, et rester un peintre de race en pleurant tout ce qu'il ne fallait pas peindre! Un tel renoncement ne révèle-t-il pas une haute souffrance? Ce douloureux paradoxe n'est-il pas bien poignant, supérieurement humain?

C'est comme un sculpteur qui s'est éperdument retranché dans la peinture pour, en la morcelant, faire vivre de la sculpture.

* * *

Rodin est son frère spirituel. Voici donc des bras tendus, des corps renversés, des torses offerts, des faces crispées, et le mouvement plutôt que l'attitude, le pur mouvement, dissolvant, déviant, morcelant, corrodant les lignes. Toute la pâte, cruellement vivace et librement amoureuse, se retourne ou s'élance, implore ou s'exalte. La tension d'une âme affolée détaille rudement les muscles, défonce ou soulève les côtes, noue les os et délie les gestes; l'expression crève les visages; un au-delà de passion sauvage les transfigure et les déforme. La matière de Rodin ne connaît pas le repos; une force aveugle la chasse et la retourne; une souffrance intérieure la fouette, la révolte. On la dirait prise de cette angoisse dont il a fait une *Ève* de bronze si bellement pessimiste, la tête cachée dans ses bras, étreignant d'une main la rondeur de son sein qui se gonfle et de l'autre détournant l'odieuse lumière, misérable et nue sur le sol, honteuse de se tenir debout sur une terre qu'elle empoisonna et de sentir remuer dans ses flancs enlaidis des postérités maudites et d'être une pauvre chair de femme : *Ecce femina!* L'obsession d'une douleur endémique et cruellement immortelle, je la retrouve dans tout l'œuvre de ce grand inquiet. Ici Ugolin, accroupi comme une bête, palpe affreusement des formes filiales. Là une tête de jeune fille rêve si tristement. Ailleurs Paolo, le visage pâmé, et Francesca, détournée vers l'abîme, vaguement s'enlacent et flottent, formes endolories. Et ces éternels *baisers* qu'il recommence toujours, parce qu'ils ne sont jamais assouvis! C'est le sentiment d'une peine colossale, magnifique et triomphante, d'un effort intérieurement dépensé à mouvoir un monde, qui anime ce *Balzac* herculéen, d'allure strictement monumentale, sculpté, dirait-on, par un de ces rudes Gothiques, auxquels étaient familières les conceptions résumées, avec ses sourcils homériques, son cou terrible, son air de « sanglier joyeux » et ce haussement d'épaules qui soulève toute la matière, surgissant en un bloc qui s'ébranle de toute sa lourde puissance, comme un taureau s'envolerait, une masse et un mouvement !

Les Bourgeois de Calais surtout, œuvre sereine et forte, accusent en lui l'évocateur de la souffrance. Six hommes s'immolent volontairement. Osseux, rasé, hautain, fixant devant lui deux yeux résolus qui jettent au mauvais sort le défi de la stoïque défaite, Eustache de Saint-Pierre serre entre ses poings la grosse clef de la ville. Un de ses compagnons, placé en avant, se détourne comme pour éloigner le calice amer; un autre, le doigt levé, prêche le découragement; celui-là, par derrière, se cache de honte; mais, d'un grand geste ouvert, le plus jeune, un beau saint Jean, dit la gloire du sacrifice et réchauffe le groupe morne avec le feu de son âme claire. Au milieu d'eux enfin, un vieillard, les mains pendantes, résigné, le seul qui soit sans geste.

C'est lui le centre de l'œuvre. Par un bel artifice, les poses sont combinées de façon qu'en se détournant les uns vers les autres, ils tournent tous autour de ce vieux qui marche vers leur destin avec sa maladresse sénile et qui les traîne autour de lui, dirait-on, comme un lent tourbillon d'humanités vaincues. Je sais peu de choses aussi émouvantes que ce drame, qui tient tout entier entre la résignation d'un vieillard et la paix d'un jeune homme, et que ces six hommes d'âmes différentes, en lesquels chante et pleure la vieille souffrance.

*
* *

Celui de tous ceux-là dont l'œuvre se révèle le plus apparemment construite, Puvis de Chavannes, n'a pas effacé de ses plus sereines compositions le signe de la douleur. *Le Bois sacré*, la *Sainte Geneviève*, le *Ludus pro Patria* relèvent évidemment de l'art d'harmonie.

Une tristesse cependant les remplit : la

joie qu'il y a mise est soucieuse. C'est de la peinture de silence. Ce qu'il avait la volonté de faire humain, il lui fut naturel de le faire triste, et quand la nécessité décorative ne lui assignait pas les larges arrangements et la portée des gestes, il consommait des chefs-d'œuvre de pitié, *le Pauvre Pêcheur*, *l'Enfant prodigue*. Qu'il l'ait fait sans effort, c'est ce qu'il y eut de rare dans le cas de ce grand artiste. Il est à la fois le plus osé des expressifs et le plus juste assembleur de couleurs et de lignes. Il simplifie tout avec sa grande simplicité. Ce fut un esprit d'un angle singulièrement ouvert; il relève de la tradition d'Ingres, en même temps qu'il devance et qu'il dépasse les dernières audaces impressionnistes et son génie fut d'apercevoir sans défaillance les éléments convenables et les simplicités nécessaires, en même temps que de les animer avec ce qu'il y a de plus secret au fond de l'âme saignante et outrancière d'aujourd'hui. Son œuvre de songe et de sagesse porte à savoir cet enseignement, que plus jamais l'art ne s'élèvera jusqu'à la joie pure. Nous savons trop de choses, nous avons trop souffert, nos sensations sont lourdes de trop d'expériences préalables. Le christianisme est venu, la science a enfiévré les hommes, et combien notre intelligence est pauvre et fine ! L'art grec, uniquement épris d'unité harmonieuse, aura été unique, à moins qu'un jour cette civilisation ne vienne à s'effacer sans laisser de vestiges, — et qu'il n'y ait d'autres Grecs. Il savait tout cela confusément, et que l'harmonieuse perfection dont était seulement faite la beauté d'autrefois, il faut désormais qu'on recommence toujours de la rompre et de la briser, pour solliciter à chaque fois de plus vastes images du monde. Et il savait encore, pour l'avoir approchée sans cesse, que la Beauté n'a été vierge qu'une fois, sous le soleil d'Hellas, et qu'à tout jamais elle est devenue comme une grande dame triste. D'où vient que son labeur palpite infiniment d'une pudeur grandiose.

***

Telle n'est-elle pas aussi la note du plus émouvant de nos musiciens, la dominante de César Franck? « Un Bach qui aurait lu *Parsifal* », a-t-on dit. Comme il n'a sans doute pas connu ceux que je viens de nommer, le pauvre grand homme, il n'a pu les rencontrer qu'au sein de la pensée contemporaine.

Chaque époque porte en elle-même, à cause du grand nombre et de la diversité des conditions, l'individu qui la caractérise le mieux. Elle ne s'en inquiète guère. Il s'élit de lui-même inconsciemment, et comme il correspond à ce qu'elle a de plus notable et de plus secret, son développement se fait tout d'un coup gigantesque. Ce qui est du moins caractéristique, c'est que, depuis Schumann, les horizons de la musique se sont assombris. C'en est fini depuis longtemps de la joie paisible de Bach, de Hændel et de Haydn, du sourire spirituel de Mozart, de la gaîté rustique de Beethoven. La verve italienne du

Barbier de Séville, qui n'est cependant pas sans mérite, ne nous divertirait pas. Nous entendons maintenant que la musique se passionne, qu'elle soit une tristesse et une sympathie, et qu'elle se lamente magnifiquement.

César Franck était un harmoniste de premier ordre (je l'entends au sens musical du mot) ; il possédait à fond la science des combinaisons musicales, la fugue, le contrepoint. Ses idées mélodiques furent d'une suavité unique. Il orchestrait avec plénitude. Ce sont là des facultés qui se fussent concertées naturellement pour la composition d'œuvres harmonieuses (je l'entends ici comme je l'entends). Mais son âme était souffrante. D'où tenait-il ce fond, cette humeur de pleurer, cet irréductible lui-même, ce grain d'homme qui a germé ? N'importe. C'est par là qu'il s'avère notre grand musicien, le Saint de la musique en qui s'éplore l'heure actuelle. Cette harmonie dont il possède les secrets, il la tourmente avec une ardeur désespérée. Tant de science, il l'épuise à la hardiesse de l'expression. Les idées s'échevèlent, s'entrecroisent, se heurtent et s'emportent comme des Walkyries courroucées. Tout à coup elles s'arrêtent pour magnifier toutes ensemble une prière immense et limpide. Et la chevauchée hurleuse regalope et pleure par l'espace. Elles passent désolées, volontaires, fougueuses. L'œuvre est tenace, tendre et sauvage. Elle tremble de tension aimante. A chaque instrument, il donne son caractère le plus aigu. Il s'obstine à une gaucherie suprême qui soit le plus expressive. C'est une douleur qui tour à tour s'exaspère et s'idéalise, un tourment qui s'envenime d'une candeur séraphique, de la volonté qui chante follement...

*
* *

Et puis il y a Verlaine, dont il ne faut pas encore parler.

*
* *

Telle est une pléiade douloureuse, singulièrement humaine, notre orgueil, ceux qui ont réchauffé un peu de matière avec notre reflet, les pleureurs que nous avons suscités en leur communiquant tous un peu de notre émoi, ceux qui emportent silencieusement une parcelle de nous vers les temps futurs.

Inconsolés passants, dont, sur le ciel de cendre d'aujourd'hui, glissent les spectres de gloire, avec, dans leurs doigts pâles, une fleur qui saigne...

* * *

Ce n'est plus cette langueur d'Olympio dont la raison était indéchiffrable, maladive, comme de quelqu'un qui s'y complaît, excluant l'effort, et qui se réduisait en somme à de l'ennui, à cet éternel ennui qui rongeait Chateaubriand, à cette curieuse passion du malheur dont a parlé Hello. La douleur de nos artistes est plus motivée.

Le prodigieux travail d'analyse auquel s'est livré le siècle a dispersé l'esprit en tous sens. Si nous en avons retiré quelque profit, la connaissance de lois scientifiques, l'accroissement du bien-être, des inventions inattendues, des recettes curieuses, il n'en demeure pas moins que l'intelligence s'est mise elle-même dans un mauvais cas. Elle a changé d'habitudes et s'est peu à peu placée à faux pour essayer son majeur effort; la synthèse semble dépasser désormais ses forces. Elle a désappris l'usage vivifiant des idées générales. La littérature témoigne de ce malaise. M. Brunetière a justement qualifié le mouvement dit « symboliste », si visiblement travaillé par un héroïque effort, en avançant naguère qu'il s'y agissait de la réintégration des idées dans la poésie.

Artistes et poètes du reste, pour être impressionnés de cette impuissance des ensembles, décidément et désormais humaine, n'eurent pas à scruter le monde contemporain, si désemparé. Il leur suffit de regarder chez eux.

« Ah! tout est bu, tout est mangé, plus rien à dire », s'écrie Verlaine. C'est le « Tout est dit... » de La Bruyère. Mais qu'il est plus fondé ! C'est d'avoir tout senti, tout nuancé, tant vécu, qui a rendu les œuvres difficiles et l'art pénible. L'art aussi vient de connaître une période d'analyse.

Voyez, par exemple, la littérature. Balzac et sa filiation, en particulier les romanciers de ces vingt-cinq années dernières, ont terriblement scruté le cœur humain. Ils sont remontés jusqu'à l'insertion de chaque fibre. C'était pour eux une conquête que de trouver, de chaque passion, une variété nouvelle. Les Goncourt, Daudet, Bourget décrivent avec de minutieuses exactitudes pour le simple plaisir de l'information psychologique. En même temps les naturalistes de Médan brassent une littérature documentaire considérable jusqu'à être fastidieuse. On se disperse aux quatre vents de l'esprit. Les uns sentimentalisent, les autres orientalisent, les autres dramatisent, les autres analysent. Hugo puis Octave Feuillet, Dumas père puis Loti, Mérimée puis Huysmans, George Sand puis Anatole France, Flaubert puis Rosny, et puis Zola... Quel désordre !

Avez-vous remarqué, en traversant la

Champagne, comme les maisons des villages ont leur forme, leur hauteur, leur orientation chacune différente ? Elles ne semblent pas se connaître ; elles se détournent les unes des autres. On les dirait égoïstes, hostiles et sournoises. Rien n'est morne comme leur variété...

Qui pouvait hier se vanter, quoi qu'il entreprît, de n'avoir été devancé par personne ? Aussi finit-on, quand tout eut été décrit, par en être réduit à la sensation rare, on la distilla bientôt avec des raffinements chinois ; quelques-uns, en face de tant de matériaux accumulés, en étaient arrivés à se dire qu'il n'y avait plus qu'à s'en amuser. Ce fut le dilettantisme. Il eut cours, il y a quelques années. Il manifeste une lassitude et un découragement, lassitude de tout détailler, de tout couper en quatre, découragement d'une génération voluptueusement lâche à la pensée de renouveler et de raisonner son labeur. Le dilettantisme prend le parti de faire un choix et il choisit selon son plus fin plaisir, ce qui déjà implique un jugement qui va débrouiller tout cela. Il condamne implicitement la littérature d'observation...

L'écrivain qui naît aujourd'hui est condamné à savoir un peu de beaucoup de choses et à en porter partout la conscience. Les impressions d'un homme de 1830 et de 1860 lui ont été transmises ; elles se sont fixées dans des formules dont il possède l'usuel secret. Toutes ces « formules accomplies », pour employer le mot de Charles Morice, ont communiqué à la langue, à la syntaxe et à toute notre technique littéraire une valeur indestructible, et quand nous écrivons un mot, c'est Hugo, c'est Lamartine, c'est Leconte de Lisle, c'est Baudelaire, c'est Taine qui le prononcent avec nous, en sorte que nous ne pouvons plus en user sans tenir compte de tout le talent qui a pétri et qui a coloré cette parole. L'emploi de la matière d'art est devenu infiniment plus délicat, plus embarrassé, plus complexe. Elle s'est tellement enrichie que l'artiste dépense toute son âme à la peser, tant elle est devenue subtile et pour ainsi dire intelligente. C'est ainsi que, dans les arts qui vieillissent, l'intérêt passe peu à peu du sujet à la forme, jusqu'à ce que la forme soit le plus chargée possible de pensée. Alors elle est devenue douloureuse à cause de sa délicatesse où l'on désespère de tout surprendre et de tout évoquer.

Par exemple Verlaine, avant de se sentir l'esprit libre, commence par être possédé, vers vingt-cinq ans, de tous les démons de la poésie du siècle. Sa première tentation est d'en essayer tous les mirages et d'en revêtir toutes les formes. Il écrit d'abord de l'Hugo, du Musset, du Gautier, du Banville et du Leconte de Lisle : ce sont les *Poèmes Saturniens*. Il épuise vite ces métamorphoses. Ce n'est que lorsqu'il a tué en lui tous ces fantômes qu'il s'apparaît à lui-même, et lorsqu'il a vécu toutes ces vies antérieures.

Comme l'enfant réalisant d'abord au ventre de sa mère les organismes inférieurs et montant toute l'échelle des êtres pour entrer dans l'humanité, le poète, l'artiste moderne ne s'élève jusqu'à lui-même qu'après avoir traversé une série d'âmes précédentes. Mais il en garde une sensibilité inquiète et il ne peut plus dorénavant parler une parole sans évoquer tout un passé de passions évanouies ni sans éveiller l'écho de plusieurs âges, sans faire chanter en lui une chanson immémoriale. Sa langue est devenue pleine de retentissements séculaires et il ne réalise plus la Beauté que dans un scrupule supérieur, où il concilie avec lui-même toute la France verbale. Or il n'est pas de sentiment humain qui torture l'homme plus cruellement que sa délicatesse. C'est une faculté pessimiste : elle ne lui désigne que les effets fâcheux de toutes choses. Chacun de ses choix emporte un déchirement raffiné. Combien douloureuse est-elle surtout, quand elle s'exerce aujourd'hui et en matière d'art, à une époque où l'usage de chaque mot suscite un cas de conscience et dans la folle entreprise de tout leur vouloir faire exprimer !

On montrerait qu'il en va de même en musique, que César Franck suppose Bach, Beethoven et Wagner, en peinture, en sculpture, en architecture, où il ne semble plus rien de possible.

La variété des génies individuels qui ont assigné un peu de beauté à tant de matières différentes, tous les anciens états d'esprit, toutes les habiletés désuètes qui ont une fois pour toutes imprimé un caractère à toutes les ressources de l'art, tout cela a réalisé peu à peu une sorte d'analyse picturale, musicale, sculpturale, qui est devenue désormais préalable à toute œuvre d'art. A partir d'un chef-d'œuvre il se fixe, comme dirait M. Raffaëlli, « une forme établie préventivement ». L'aspiration vers la Beauté, l'effort vers une Unité de plus en plus compréhensive nous oblige d'insérer dans l'œuvre nouvelle chacun de ces éléments avec toute sa valeur évocatrice et toute sa vertu suggestive. Assurément M. Cabanel savait comment on dessine une femme, et cela eût peut-être frappé les contemporains de Cimabué, mais Léonard de Vinci ou Titien ou n'importe lequel sont venus depuis, et le consciencieux M. Cabanel, faute de cette conscience, n'évoquait plus rien au-delà des œuvres déjà réalisées. De même je ne conçois Puvis de Chavannes qu'en sachant Manet, et Carrière que s'il y a Vélasquez.

Il en résulte que la matière d'art s'est pénétrée d'humanité, qu'elle a été peu à peu sublimée par une pensée progressive, qu'elle est devenue comme consacrée, que le génie, à force de s'accumuler en elle, lui a créé un organisme, une sensibilité et des habitudes, qu'elle est aujourd'hui comme de la chair et du sang et qu'il semble barbare et qu'il devient impossible d'oser les vastes constructions qui en méconnaissent le prix...

⁎⁎⁎

Voilà pourquoi ils souffrent en faisant des chefs-d'œuvre. Pourtant une sourde discipline les mène sans qu'ils s'en doutent et l'effort qu'ils font à la fois les unit dans la beauté du labeur.

L'effort est un patient évocateur de Beauté, en ce qu'il a de simplement humain, l'effort en soi-même, l'effort stoïque et pur, qui est une espérance. Il suppose une croyance inavouée à l'efficacité du travail, le jeu raisonné des organismes, l'ordre d'une volonté grandissante. C'est une tension vers le labeur accompli où il va se confondre, l'unification dans l'acte. Il représente de la force qui ne se disperse point, du mouvement utile, quelque sobre splendeur. Ce sont deux grandes ailes sombres qui ne servent qu'à s'élever lentement, mais tout droit.

L'effort qui fit palpiter ces œuvres, s'il se prolonge, s'il se renouvelle, les simplifications dominatrices apparaîtront peu à peu, d'homme en homme. Les œuvres se rempliront de plus en plus du sentiment d'un vouloir sans faiblesse. Elles dégageront de plus en plus de tant de complexité douloureuse les primes éléments d'une ferme école de composition devenue possible.

De tant de volupté et de tant de tristesse confuses, il s'agit de tirer une parole âpre et simple. Avec mille sensations, il s'agit de faire une idée. Il s'agit d'harmoniser l'expression d'un siècle. Le vouloir, c'est être déjà assez impitoyable et suffisamment désintéressé pour y prétendre.

Ainsi commencerait peut-être une grande légende de volonté...

... VERS LA SIMPLICITÉ

VI

... VERS LA SIMPLICITÉ

Un siècle de science, dix siècles d'art, plusieurs millénaires d'aventures et d'occasions nous ont conféré une multiple expérience. Notre curiosité sans limite étend partout ses antennes. Le monde tout entier mit en désordre et sollicita nos émotions. L'art est aujourd'hui disséminé par toute la vie et il prétend désormais à être expressif de tout. Nous voici arrivés à l'extrême de l'expression. Une œuvre parfaitement achevée risquerait aujourd'hui de nous froisser, tant il lui faudrait nier et omettre de choses pour se parfaire. Elle semblerait faire le sacrifice de l'univers en se terminant. C'est un symptôme : le charme de l'inachevé nous mène. Si l'art n'était ainsi traversé de criticisme et surchargé de pensée antérieure, les plus forts et les mieux doués l'aborderaient plus souvent avec de mâles franchises, ainsi qu'autrefois. Mais, comme ils désespèrent des ordonnances minutieusement définitives, faute d'y pouvoir consigner tout ce qui les tourmente, les artistes s'efforcent à suggérer ce qu'ils ne réussiraient pas à finir d'exprimer, sachant bien que nous nous attarderons fiévreusement au rêve de ce qu'ils n'ont pas réalisé, et que nous pleurerons avec eux devant l'abîme.

Nous ne saurions cependant aller au-delà d'ici et nous n'agrandirons pas le vaisseau terrestre qui nous emporte à travers l'espace, à force de nous y promener. Allons-nous donc cesser de vivre à cause de cela? L'homme d'aujourd'hui va-t-il attendre, pour continuer l'œuvre de Beauté, que sa taille s'agrandisse d'un pouce? La vie se chargerait de l'arracher à ce rêve. Un renversement de notre force esthétique est devenu inévitable. Il s'accomplit déjà. Une ère de simplification commence. Déjà les tableaux et les livres se dépouillent lentement; l'agglomération des sensations longtemps accumulées se détache tout à coup par gros blocs; l'épannelage de la matière d'art se fait spontanément. Nous nous intéressons de plus en plus à ce qui nous manque le plus, l'Unité, et il ne se peut pas faire, après une diversité si douloureuse, que, pour dix ans ou pour cent ans, nous ne devenions au contraire épris d'ordre.

Ce qu'il adviendra, quels chefs-d'œuvre et de quelle sorte, les guetteurs ne sauraient l'apercevoir. Mais nous pouvons au moins savoir quelle est notre attente et chercher de l'avenir parmi nous.

*
* *

Le mouvement symboliste manifesta pour la première fois ce besoin d'éliminer les expressions dispersées. Mais on ne saurait trop dire qui le représente suffisamment, ni quel il fut. Le symbolisme réclame, avant toute réalisation, un acte de foi; car il s'inspire d'une seconde vue et confère à toutes les formes et à toutes les paroles un second sens. Il suppose donc l'autorité d'une croyance ou le commentaire d'une philosophie. La plupart y songèrent à peine et se contentèrent d'être mystérieux : ce ne fut qu'un changement d'imagerie. Maeterlinck seul se préoccupait d'une doctrine : son théâtre fataliste se soutient par la notion, partout réclamée, d'une conscience transcendantale. Encore est-il que, depuis qu'il nous en a entretenus dans *le Trésor des Humbles*, il semble se désaffectionner du théâtre. Le changement d'imagerie, du reste, seul ici importe : or il consista en des complications et des simplifications. Complications, la surenchère romantique du *Jardin de l'Infante* ou de *Tel qu'en songe,* aussi bien que, par exemple, les patientes délinéations d'un Carlos Schwabe ou les bijoux de M. Lalique ; mais simplifications, quelles qu'elles soient, le cloisonné, le parti-pris de ne plus modeler, Filiger, Émile Bernard, l'émulation des Primitifs, la sobriété sèche de M. Séon. Je ne veux ici ni attaquer, ni défendre. Je constate uniment. C'est qu'en voulant puiser au dernier fond de notre personnalité, ils sentirent d'instinct le mensonge des mots et des formes, s'en voulurent délivrer et professèrent le mépris de ces intermédiaires. Ils prétendirent exprimer directement l'obscur remuement du soi : cette conquête demeure. Nous devons donc au symbolisme une tendance à l'expression directe, l'oubli des éloquences, quelque spontanéité idéaliste, des affinités étranges, une sincérité ombrageuse. De plus immédiates alliances d'idées en résultent. « Le carrefour des Quatre-Judas ! — Ne criez pas ce nom dans l'obscurité », clament les personnages de Maeterlinck. Je n'ai cure du sens : un procédé simplificateur apparaît, je le retiens, et je remarque seulement le mouvement d'art qui s'y dessine.

*
* *

Un autre semblable s'accuse à la suite de l'impressionnisme. Les impressionnistes firent mieux que d'ouvrir leur fenêtre : ils surent tout de même regarder. Ils sentirent le prix de leur propre tempérament et dès là qu'ils voulurent traduire une impression, c'était faire un choix personnel, affirmer une préférence, en penser quelque chose et préparer un certain idéalisme, qui s'est depuis manifesté. Comme il était contemporain de ce souci de l'expression directe qui caractérisa le symbolisme, il advint que des artistes et des poètes se fièrent à la naïveté de leur personne et éclaircirent l'œuvre d'art en voulant seulement se regarder vivre. Tel est un nouveau mode de simplifier l'art, le conformer sincèrement à l'impression de sa vie. Une heure de sommeil suffit à ressusciter l'âme.

Verlaine le premier, en qui on peut voir un impressionniste du verbe aussi bien qu'un symboliste, si on entend par là qu'il s'attachait à l'expression la plus immédiate de son émotion, n'est-il pas surtout le simple des simples, le bon lépreux véridique, le Parsifal de la vie grise?

De cette façon droite, le même Maeterlinck nous avait déjà offert l'exemple dans *Serres*

Chaudes. Il s'y contente, pour donner une impression, de présenter, par analogie, une série de petits tableaux :

« Oh ! ces regards pauvres et las !...
Il y en a qui semblent visiter des pauvres, un dimanche.
Il y en a comme des malades sans maison.
Il y en a comme des agneaux dans une prairie couverte de linges... »

Francis Jammes voit toutes choses le plus simplement. De là, entre les choses vues et lui-même, une beauté fraternelle, qu'il dégage, en écrivant, de tout ce superflu de paroles ambitieuses et de rythmes empesés, qui déforment trop souvent la simplicité de notre vue. Les trépidations de la vie, les prétentions de la pensée, l'énervement des accoutumances nous ont privés de cette virginité des yeux, qui faisait de l'enfance une heure émerveillée. Jammes est un poète pour avoir sauvé des fausses maturités l'enfance de son cœur, s'étant gardé une vive et universelle faculté d'admirer. Ainsi contemple-t-il la nature fraîche de ce rare sourire que nous avons perdu. La beauté de ses poèmes tient à l'amour qu'il a de sa propre vie. Il décrit autour de lui des choses, et elles le regardent. Il les appelle et elles le nomment. Il les groupe et elles l'enferment. Il les aime et elles le reflètent. Dans ses *Élégies* et ses *Prières*, dans *le Poète et l'Oiseau*, *la Jeune fille nue*, une poésie toute neuve sourit, la plus naïve, et c'est bien sans effort qu'il se libère de tout artifice.

Les catholiques ne savent pas qu'ils ont en Maurice Denis un fils de l'Angelico. Cet artiste dépouille miraculeusement les silhouettes et il excelle à leur donner le geste qui résume. Étant robuste et simple d'âme, il sait l'innocence des teintes et la suave gravité de toutes les minutes du monde; la vie de famille et l'amitié lui sont de quoi faire des chefs-d'œuvre. La vision libérée par l'impressionnisme, il voit de la clarté dans l'univers. Une naïveté audacieuse, sans qu'on la puisse effleurer d'un soupçon d'apprêt, lui a conféré du premier coup l'originalité la plus franche. Il est unique. Sa simplicité gracieuse ne se diminue en rien de cette infrangible fermeté qui lui fait négliger les inutiles épisodes.

Voici donc les temps arrivés où des poètes et des peintres de droiture trouvent une ambiance plus clémente à l'harmonie et peuvent, sans méconnaître les « formules accomplies » ni rien froisser dans nos vieilles âmes, atteindre en toute aisance et rien qu'en étant sincères, à des poèmes de vérité nue.

* * *

Ce temps, du reste, subit une crise de vérité. L'esprit scientifique? Peut-être. Mais aussi cette circonstance qu'une complexité indéfinie s'étant insinuée partout, la matière des ironies, la forme des révoltes triomphales a pris nécessairement l'aspect contraire des simplifications en brutalité. C'est donc aussi l'heure de l'appel aux violences. Une simplification s'ensuit, héroïque, cruelle ou barbare. La franchise des couleurs crues s'insurge dans les toiles impressionnistes. Cézanne rudoie des compositions copieusement frustes et puissamment enfantines.

Gauguin, puisque nous nous affadissions à affecter un italianisme désormais sans saveur, illumine d'un incendie sourdement somptueux le Paradis noir de Tahiti. Forain, puisque les Sémites, habiles au commerce des idées, ont noyé notre âme dans la variété des autres âmes et dilué les rudesses de la belle ligne en de trop molles atmosphères, arque impitoyablement des courbes de paletots scandaleux et dénonce des profils de vautours. Degas, puisque nous avons cru, sur d'anciennes paroles, à la beauté du corps des femmes, les décorsette et érige avec gouaillerie la déformation sauvage de leur croupe. Vallotton rend la couleur acerbe, lui fait juter ses plus acides contrastes, pour juger le monde. Cependant que Verhaeren, épique, nous conte la saoulerie de la Mort qui boit du sang au Cabaret des Trois-Cercueils, magnifie les fantômales rudesses de l'âme flamande et se forge un langage énorme à grands coups de marteau. Le milieu les détermine. Une colère les emporte, réagissante, comme sous l'aveugle nécessité. De telle sorte que le sentimental et le pittoresque n'auraient été peu à peu éliminés des œuvres d'art à la suite des abus qu'en avait faits un romantisme affecté, que pour rejaillir un jour en un jet de passion simplifiante.

*
* *

Une renaissance antique nous serait une autre invitation à dénuder l'œuvre d'art. On la peut attendre. Puvis de Chavannes nous l'a fait pressentir. Des peintres tels que Ménard mettent une émotion immémoriale dans l'archaïsme des paysages. Albert Samain a su, avant de mourir, la beauté des vases grecs. Henri de Régnier dédia à la mémoire d'André Chénier ses *Médailles d'argile*, et d'Ernest Chausson, qui nous quitta si vite, nous restent des mélodies d'une vénusté et d'une morbidesse antiques. Les poètes de l'école romane ont écrit en même temps à la gloire de Minerve glorieuse des vers d'un dessin bellement dégagé, dont Ronsard leur avait appris à adorner le tour dans une précieuse élégance, et j'imagine que M. Roussel illustrerait heureusement l'*Iphigénie* de Moréas.

Un peu d'antiquité hante donc notre plus récente expectative et l'heure n'est plus éloignée où une jeunesse qui n'aura pas été nourrie de lettres anciennes se pourra peut-être prendre d'enthousiasme à découvrir le trésor athénien. Quand l'autre Renaissance se déclara, elle ne connut pas tout ce que l'épigraphie moderne a déchiffré, ni tant de belles statues exhumées depuis lors. La lecture des poètes et des philosophes anciens suffit cependant à lui communiquer une telle ferveur que la civilisation du monde en fut comme un instant faussée et s'usa à pousser l'admirable plante de fer de cet artificiel XVIIe siècle, si délibérément méthodique. Les Barbares de demain découvriront en plus *la Vénus de Milo*, *la Victoire de Samothrace*, les Tanagrines, et aussi la Cité antique. Puissions-nous alors ne pas aller, dans une heure de folie hellénique, jusqu'à briser nos dieux de douleur !

*
* *

Les nécessités décoratives en outre ne peuvent, en cet ordre d'idées, qu'exercer de parallèles influences. Des sculpteurs et des peintres se font maintenant une juste idée de la simplicité ornementale. Ingres et Puvis de Chavannes ont inauguré une tradition de belle tenue qui ne semble pas, en dépit de la diversité des génies, devoir s'interrompre. Besnard, Carrière, Henry Lerolle en témoignent à la Sorbonne et à l'Hôtel de Ville. Le décorateur est tenu plus qu'un autre d'observer les lois de la convenance et de subordonner l'exécution de son œuvre aux effets d'architecture. Le voilà donc privé d'une partie de ses moyens : il lui faut s'exprimer en modérant l'exubérance de son langage; son cas ressemble un peu à celui du poète aux prises avec une métrique. La peinture acquiert à ce jeu difficile des aspects de sobriété et de simplesse; il n'est pas indifférent que le *Pauvre Pêcheur* de Puvis de Chavannes soit l'œuvre d'un artiste qui se plia maintes fois par ailleurs à ces exigences. Point de doute aussi qu'à modeler des plats d'étain et à façonner des grès, quelques sculpteurs aient déjà purifié leurs formes, en les pliant à des usages. Beaucoup enfin, parmi les jeunes d'hier et d'aujourd'hui dont les œuvres sont encore contestées, sont d'incontestables décorateurs. L'un d'eux, dont à l'autre page déjà je louais la naïve suavité, Maurice Denis, se révèle en outre un décorateur admirable. Deux ou trois grandes œuvres, des panneaux de chasse à peine entrevus, des plafonds, des vitraux aussi, une *Exaltation de la Croix* qui orne la chapelle d'un collège au Vésinet, et dans l'église du même pays l'*Assomption* d'une Vierge qui défaille de bonheur dans le silence d'un ciel musicalement bleu affirment en lui un de nos grands peintres muraux de demain. La douceur volontaire de l'invention s'y éploie en la fine clarté des coloris ; nul ne sait mieux que lui accuser la justesse d'une fable décorative. Le mur où s'est venu poser son rêve palpite de candeur et de gaieté, et c'est un des rares dont on peut dire, sans porter préjudice au peintre, qu'il est un poète.

Toutes ces raisons d'être simple se renforcent ainsi, dans le cas décoratif, de la nécessité rigoureuse de le rester. L'artiste s'y retrempe à l'école de la bonne difficulté. Il s'y désaccoutume du plaisir énervant qu'il y avait à disperser ses forces; il lui devient naturel de les discipliner et il revient de ce voyage vers des idéals difficiles avec un plus léger bagage et plus de sérénité dans l'âme.

* *
*

C'est simplifier en effet, et hautement, que de retirer de l'œuvre d'art tout ce qui n'y est pas le développement d'une pensée maîtresse et de n'y plus tolérer d'émotions que celle de l'esprit. On ne voit pas que la poésie se soit encore essayée à cette allure sévère, si conforme cependant à notre sens et à notre langue : des poèmes en logique. Le théâtre seul et le roman semblèrent se préoccuper de conditionner des œuvres selon les principes exposés par Paul Adam dans la préface du *Mystère des Foules*. Ce qu'il appelle « le théâtre forain » tombe de plus en plus dans la défaveur et l'exemple de *Madame Bovary* de Flaubert, du *Disciple* de Bourget, des romans de Barrès, des *Contes* de Villiers de l'Isle-Adam et des idéologies d'Ibsen a fructifié, malgré le silence de M. Beaubourg. Vingt pièces du théâtre Antoine le prouvent; on y sait que le meilleur moyen d'émouvoir et de faire surgir la foule est de raisonner purement avec elle et j'aime que, dans la pièce de Gide, le *Roi Candaule* donne volontairement sa femme à Gygès par méthode de pensée et qu'un franc langage y assemble des mots d'une valeur « chaste et classique »[1]. Car il n'est pas d'artiste qui ne soit assuré de se grandir par la haine du superflu sentimental. Qu'il y aurait à mettre ici d'espérances, si on l'osait !

1. Viélé-Griffin.

※
 ＊ ＊

Il fut osé enfin un rêve d'art magnifique. Quelques-uns voulurent demander à la matière sa plus pure goutte de joie. On ne saurait dire que tant d'œuvres élevées de ce temps auxquelles on reproche de l'obscurité, les plus belles en somme, pèchent contre la simplicité. Quoi de plus net qu'une lithographie de Redon et qu'un sonnet de Mallarmé ? La propreté d'aspect en est remarquable, et il est matériellement sûr qu'une étrange et indéfinissable simplification s'y est encore opérée. Elle vient de l'agencement sévèrement logique de la plus subtile matière.

Si par exemple je rassemble ces noms inégaux : Mallarmé, Cézanne, Jules Laforgue, Carrière, Odilon Redon, Vincent d'Indy, Rimbaud, Chausson, André Gide, Rodin, Debussy, il est certain qu'il y a entre tous ces hommes quelque chose de commun, et non pas leur complexité. Ne serait-ce pas tout simplement que, sachant la suprême subtilité des éléments d'art, ils ont voulu faire de cette rare essence un usage exclusif et rigoureux, simplifier en noblesse ? Ils ont donc dépouillé l'œuvre de tout ce qui n'était pas cette dernière fleur. De là l'exclusion des inutiles ornements et jusqu'à l'indifférence des motifs. Ce fut ne demander à la matière d'art qu'elle-même, mais le meilleur d'elle-même, avec tout ce qu'elle recèle de ductile et de malléable, pour en faire d'inflexibles compositions; ne point tant chercher à exprimer ceci ou cela qu'à agencer en toute délicatesse de la matière virtuellement expressive, qu'à repenser la nature et qu'à en appliquer strictement et pour elles-mêmes les lois : quelque chose comme le contraire d'une épopée. Car des couleurs sont belles indépendamment des visages ou des paysages qu'on leur peut faire signifier dans un tableau et de certaines paroles en dehors du sens qu'il est d'usage de leur attacher. On le savait déjà quand on admirait pour sa fluidité le vers de Racine :

Le jour n'est pas plus pur que le fond de mon cœur,

ou celui-ci de Bouilhet :

Pâle éternellement d'avoir porté son Dieu.

Mais on était sensible à la signification de la phrase en même temps qu'à la musique des mots. L'étrange est que maintenant cette harmonie de surcroît soit devenue la principale beauté de ces plus beaux vers de Mallarmé :

Je t'apporte l'enfant d'une nuit d'Idumée...
Lys et l'un de vous tous par l'ingénuité...

et qu'aussi bien M. Whistler croie légitime de faire des tableaux sans prétexte et beaux tout purement d'être des *Harmonies* ou des *Nocturnes* de couleur, ou que Rimbaud embarque en son *Bateau Ivre* des théories de paroles exultantes de joie verbale, qui aient perdu un peu de leur sens en route et qui soient ivres de n'être que des mots. Ce qu'il serait loisible d'en critiquer ne serait ici d'aucun intérêt. Il y va seulement de remarquer comment la matière d'art se sublime, s'allège de son sens, se libère du prétexte d'une représentation pour ne rester qu'un impalpable charme. Et ce sont en effet des peintres qui sont très peintres, des lithographes très lithographes, des musiciens purement musiciens. Ils se sont un peu détachés de la vie pour vivre des lois de la nature. Ils ont voulu observer sans distraction la logique immaculée de chaque matière. La précision perdrait-elle de son prix, si l'on en fait un usage plus difficile et plus désintéressé, et pourquoi reprocherions-nous à la Beauté de se faire plus pure, si nous subissons encore l'abstraite fascination de l'harmonie grecque ?

* *
*

Symbolisme ou simplitude de l'âme ou fièvre de violence, sentiment de l'antique ou sens décoratif, le rêve de n'émouvoir que son esprit, une plus jalouse notion des ressorts intimes de la matière d'art, telles sont des conditions contemporaines de simplicité.

Ce qui à nos yeux les caractérise nettement, c'est qu'elles marquent des œuvres moins en mouvement ; on y peut donc, sans hésiter, reconnaître un abaissement expressif : de l'harmonie s'élabore. Il arriverait, si ces tendances étaient contradictoires, qu'elles n'iraient qu'à accroître la confusion d'aujourd'hui et qu'à rendre l'art impossible. Il n'en est pas ainsi.

C'est en effet, quand nous examinons ces différentes hypothèses à demi vérifiées, toujours les mêmes artistes que nous recommençons d'interroger. Chausson est aussi bien épris de sincérité simple que baigné de grâce antique et que souple aux évolutions de la pure musique. De Jammes, dont la poésie nous paraissait ingénue comme un aveu de jeune fille, nous pourrions aussi détacher et manier des vers d'une matière intérieurement admirable :

> Les lilas qui voudraient et ne peuvent mourir...
> De quelles vieilles fleurs mon âme est composée...

Il est donc entre eux tous une âme commune en laquelle ces facultés et ces qualités inclinent peu à peu à se coordonner, Un homme naîtra demain. Ce qui relie dès maintenant entre elles toutes ces tendances, c'est quelque chose de hardi et d'obstiné, cette persistance qui fait aussi l'unité d'un homme, une sourde volonté. Car Mallarmé, ou d'Indy, ou Carrière, ce sont des volontés, et Denis encore, affirmant naguère son *Hommage à Cézanne*, qui est beau comme une décision. Certes, cet esprit qu'ils ont ensemble, ils ne le possèdent pas tous complètement : tel n'en détient qu'une parcelle, tel autre y participe en plénitude. Mais ils le parfont tous à la fois. Et c'est l'âme occidentale : volonté, droitesse, hardiesse et grâce, la même qui selon les temps alluma l'incendie romantique, donna des lois à l'Europe, guillotina la reine, écrivit *Phèdre* et le *Discours de la Méthode*, pourfendit les infidèles, sacra Charlemagne et coupa le gui des chênes, la même qu'à tout jamais déclare, folle et splendide, sa grande image : la Cathédrale. Elle persiste à la vivace variété de ce goût français si audacieusement affiné, si richement délié, qui, tour à tour épris de raison, de violence et de simplicité, libre fils de l'antique, agile et sûr, a su si bien, à tous les âges, le prix d'un bel objet bien conçu, d'une hache bien emmanchée, d'une serrure enviable, d'une poignée à souhait dans la main, l'honneur de la matière bien connue et amoureusement usitée. La logique de cette alerte volontaire, vive et rapide au besoin, sait aussi s'employer, quand il faut que l'œuvre soit lente, aux patientes réalisations. Son grand front d'obstinée pousse longtemps le labeur. Méthodiquement elle se débarrasse des richesses qui gênaient son mouvement. Aussi libre d'allure que si les temps révolus n'avaient jamais été, vous la verrez bientôt, je crois, se dresser toute simple, comme une belle fille de souffrance et de silence, la Salomé occidentale, qui sait tant de choses et qui danse devant l'immortel Atlantique, pour l'âpre joie seulement d'élancer des lignes chargées de souvenir et de préciser, bien qu'avec élégance, des gestes voulus...

LIVRE II

DUALISME

DUALISME

1

DUALISME

Il est dans la genèse de l'œuvre d'art une heure émouvante. C'est celle où l'artiste en arrive au point de la parfaire, celle où il pourrait s'écrier avec le pauvre Wagner dans le laboratoire de Faust : « Cela monte, cela brille, cela bouillonne; encore un moment, l'œuvre sera consommée..... Le verre tinte et vibre, une force charmante le fait palpiter; cela se trouble, cela se clarifie. » C'est à cet instant d'un profond intérêt que j'ai un peu dessein de m'arrêter. C'est dans la péripétie suprême que se révèle le plus clairement la nature de l'œuvre d'art; essayons de saisir le dernier mouvement dont est faite la Beauté.

Ce labeur de l'artiste, qui est d'apporter à

son œuvre le plus qu'il peut de l'univers, ensuite d'y mettre de l'ordre, puis d'y faire régner l'harmonie, faute de quoi il imagine de tout briser pour nous prendre à témoin, cet effort passe par une dernière crise, au moment où il finit de tout mettre en place, quand tous les éléments ont été réduits à leurs formules les plus abrégées, les plus générales et les plus précises. On y peut alors apercevoir que le tout est empreint d'un caractère de dualisme. Cela en vertu d'une loi de sa pensée, qui est aussi une loi du monde. De cette harmonieuse manière d'être, aucune révolte ne peut affranchir la composition. C'est que de réduire les choses à deux chefs, c'est toujours s'approcher le plus de l'Unité que l'on rêvait d'atteindre.

On appelle Beauté tout ce qui va un peu au-delà.

*
* *

Le monde est un réseau de phénomènes réagissant les uns sur les autres. Celui qui saisirait un fil de la trame dont est tissée la vie universelle et qui, de maille en maille, en voudrait suivre le jeu, n'en finirait pas, à moins d'emporter le monde. Il n'est pas un phénomène qui ne s'insinue à travers tous les autres. Ainsi suffisait-il à Cuvier d'examiner un ossement des anciens âges pour reconstituer les bêtes adamiques. Si Dieu, dans l'ivresse de souffler sur le premier homme, avait égaré une étoile de son firmament, la chute hésitante d'une feuille d'Octobre suffirait à la lui faire retrouver.

Et moi qui parle ainsi, je sais bien que Dieu n'a pas égaré d'étoiles. Me suis-je donc simplement voulu divertir, comme un poète las, avec une imagination menteuse ? Cette langue que j'écris encore avec plaisir est vieille de beaucoup de siècles et les hommes d'aujourd'hui ont trois mille ans de lettres. Ils se laissent, moins souvent qu'au temps d'Homère, prendre à l'enfantin miracle d'une métaphore. Ils savent puérile la joie d'une superficielle image. Mais ils savent aussi que notre intelligence n'a pas d'autre truchement que les images et qu'elles sont comme de fuyants fantômes qui indiquent d'un geste le *sens* de notre pensée. Ils souffrent qu'on en use. Ainsi m'exprimé-je donc avec une menterie sincère, parce que trente siècles de souvenirs dosent la nuance et portent la signification d'une parole d'aujourd'hui. Il m'a suffi de vouloir dire que la vie était infiniment compliquée pour qu'on ne puisse pas me refuser qu'elle est telle en effet.

L'homme est accablé par de si complexes conditions. L'univers lui apparaît épars, sa pensée s'y disperse inextricablement. Ne pouvant embrasser un si grand nombre de choses, il distingue entre elles, au hasard d'abord, puis méthodiquement. Faute d'étreindre l'ensemble, il sépare des parties. Il divise la matière pour la dominer. C'est la prime opération de l'intelligence. Analyser c'est délier. « Toutes les choses étaient ensemble, dit Anaxagore, l'intelligence les divisa et les arrangea. »

La philosophie, la science et l'art, c'est d'énumérer pour classer, et de classer pour unifier. Les hommes ont commencé par dire : le ciel et la terre, les oiseaux et les quadrupèdes. Ils disent maintenant : les mammifères et les poissons, les cryptogames et les phanérogames. Mais la seconde notion est plus importante que la première, parce qu'elle emporte un classement logique et qu'elle repose non plus seulement sur la variété, mais sur le degré d'importance des caractères. Elle accuse quelque unité foncière entre les objets classés ensemble. On commence par les énumérations d'Hésiode et par les dénombrements d'Homère, on parvient plus tard jusqu'à la nomenclature chimique. C'est comme une émigration séculaire de l'esprit humain vers la synthèse.

Or, en tout ordre d'idées, la dernière étape de ce chemin qui va de la multiplicité à l'Unité, c'est de passer par les conceptions dualistes. C'est en elles que les notions diverses se groupent le plus fortement, se massent en des ensembles les plus généraux et revêtent les plus frappants caractères de totalisation. Comme les hommes ne vont guère au delà, faute de force intellectuelle, c'est là que se manifeste à l'ordinaire leur dernier et leur plus sommaire effort.

C'est pourquoi l'importance du nombre *deux*, le plus approché de l'Unité. Distinguer entre les choses, c'est les diviser en deux; quand on ne distingue pas, on ne comprend pas. Les hommes, sans qu'ils s'en doutent, passent leur vie à ce dédoublement. C'est l'adresse à dédoubler qui fait les hommes de génie, la maladresse les sots, selon qu'ils saisissent entre les choses des différences radicales ou qu'ils n'en aperçoivent que les superficielles divergences. Mais, juste ou fausse, la balance où ils pèsent le monde a toujours deux plateaux. Telle est notre méthode d'hommes.

Ce n'est pas seulement que l'esprit soit une machine à diviser ; la nature se montre, elle aussi, coupée en deux. Non seulement nous la dédoublons en la considérant, mais elle s'offre à nous de toutes parts sous un double aspect. Un papillon porte sur ses deux ailes la clef du monde. Les objets de notre pensée conspirent avec notre pensée elle-même pour cette séparation. Il y a en effet l'esprit et la matière, le dedans et le dehors, le dessus et le dessous, le mouvement et le repos, l'homme et la femme. Si l'on sectionne un barreau aimanté, deux pôles persistent dans chacun des fragments. C'est par la dualité que sont caractérisés les rapports les plus importants, les parentés les plus intimes, les dominantes les plus marquées, les aspects les plus vastes. Car il n'y a point le dehors, le dedans et encore autre chose. Il n'y a point non plus, quoi qu'en disent les mauvaises langues, l'homme, la femme et un troisième. Deux, c'est le chiffre sacré de l'amour.

« Chaque excès, écrit Emerson, cause un défaut ; chaque défaut un excès. Chaque douceur a son amertume, chaque bien son mauvais côté. A chaque faculté qui donne du plaisir est attachée une peine inhérente à l'abus qu'on en fait. Sa modération répond de son existence ; pour chaque grain d'esprit, un grain de folie... Si la richesse augmente, le nombre de ceux qui en usent augmente aussi. Si l'un prend plus que sa part, la nature reprend à l'homme ce qu'il a mis dans ses coffres ; la fortune se boursoufle, mais elle tue son propriétaire. La Nature hait les monopoles et les exceptions. Les vagues de la mer ne retrouvent pas leur niveau plus vite que les conditions humaines ne tendent à s'égaliser. »

L'univers apparaît ainsi tout souriant d'une immense invite à la Beauté. Des couples nous y guettent partout. Saison par saison et flot par flot, il nous désigne son équilibre, il nous sollicite vers d'harmonieuses relations, il nous y enchaîne, il nous y condamne; il veut sans fin que notre pensée se pose sur lui, et c'est son éternelle beauté de nous appeler à la Beauté.

Le dualisme s'impose si impérieusement à l'humanité que les religions, dans leur effort vers une conception suprêmement unique du monde, en ont fait l'essentiel de leurs dogmes. Le Boudhisme lui fait sa part. Zoroastre met aux prises Ormuz et Ahriman. Point de morale religieuse non plus qui ne repose sur une distinction du bien et du mal. La religion des Grecs fut amorale, qui n'était pas dualiste. Ce furent, chez eux, les philosophes qui moralisèrent; mais ils étaient dualistes avec Platon qui oppose le bien absolu à la matière éternelle, avec Aristote enseignant la puissance et l'acte, avec les Alexandrins surtout. Lorsque les hérésies se lèvent contre le Catholicisme, c'est à cause de Dieu et de Satan qu'elles s'en retranchent. Manichéens, Pauliciens, Cathares, Bogomiles, Euchites, Massaliens, Priscillianistes, Albigeois édifient des métaphysiques d'une symétrie compliquée. Le Catholicisme lui-même ne va pas plus loin que le dualisme, sinon qu'il pose des dogmes au delà de cette limite. L'origine du mal lui reste voilée d'un mystère, où il ne prétend que jeter un peu plus de clarté.

Ce qu'il y a de plus grave dans le monde et de plus vital en nous se révèle donc sous l'emprise de cette dualité universelle et mystérieuse. Notre pensée la plus instinctive s'y soumet et notre pensée la plus consciente ne s'en délivre pas. « La nature, dit Pascal, nous a si bien mis au milieu, que si nous changeons un côté de la balance, nous changeons aussi l'autre. Cela me fait croire qu'il y a des ressorts dans notre tête qui sont tellement disposés que ce qui touche l'un touche aussi l'autre. » Le tout est donc d'opérer le plus heureusement possible cette double répartition des choses, au-delà de quoi il n'y aurait plus qu'un pas à faire pour atteindre l'Unité, le pas impossible qui mènerait à la synthèse.

Oh! la synthèse, qu'il souffrit donc de ne la pouvoir réaliser, ce doux bourgeois de Bruges à la tête carrée et aux sens épais dont Barrès a conté la mélancolique histoire. Il avait ramené en son pays d'hiver une belle Italienne aux seins d'ambre et à la chevelure de feu et il l'avait fait asseoir à son foyer près de la bonne épouse flamande, qui avait préparé le repas et chauffé la maison. Il ne se sentit pas assez de cœur pour se séparer d'elle, ni de l'autre; sous le ciel frileux où frissonnaient les feuilles de fer du carillon, l'Italienne lui rappela les beaux soirs passionnés de Toscane. Il vécut entre l'une et l'autre et on les enterra tous les trois ensemble, car il n'avait pas su se désintéresser de la synthèse.

L'histoire de cet homme sage et triste est le plaisant commentaire de notre vieil embarras. Tout ce que nous touchons se dédouble aussitôt. La pensée est un crucifiement où nous voici écartelés et suspendus entre deux horizons ennemis. Quand Véronèse ordonne ses *Noces de Cana* selon cette ample et royale symétrie, soyez persuadés que c'est en vertu de la même loi supérieure qui précipite vers deux pôles différents les énergies magnétiques, cependant qu'en notre cerveau deux hémisphères se partagent les secrets de l'esprit.

★
★ ★

Vous entendez bien que la Beauté, apparition fugitive de l'Unité sur la face des œuvres, participe de cette condition universelle.

Il ne se rencontre pas seulement que les unes soient harmonieuses et les autres expressives ; mais même tous les éléments qui leur confèrent l'un de ces deux caractères sont constitués d'un équilibre où concourent deux éléments nouveaux qu'on peut à leur tour dédoubler. Il en est dont on n'épuiserait pas les ramifications dichotomiques. Le Beau est une « combinaison binaire[1] ».

Cela est d'évidence dans les œuvres harmonieuses où la symétrie joue un rôle si considérable. Je ne sache qu'Hogarth, qui en ait méconnu l'importance, dans son *Analyse de la Beauté*. Sans doute il avait été frappé par la médiocrité de tant d'œuvres, dont la symétrie est manifeste. Mais si elles sont risibles ou fastidieuses, c'est aussi bien à cause d'un manque de symétrie et d'un défaut de justesse, parce qu'il y eût fallu que l'équilibre se soutînt encore entre bien d'autres choses que l'on a omis d'y mettre. J'admirerais davantage ces *Horaces* de David, où je ne vois que des corps raidis, si, par exemple, j'y pouvais découvrir en outre l'équilibre palpitant des âmes ou la lutte vive des lumières. La ligne serpentine, qui est si chère à ce même Hogarth, ne doit-elle pas aussi sa grâce à une certaine symétrie, qui est de se plier à droite et à gauche dans toutes les dimensions ? L'*Odalisque* d'Ingres

---

1. « L'idéal est pair et symétrique. » M. Griveau.

qui est au Louvre tient sa juste élégance de la simultanéité des lignes onduleuses du corps.

Cette notion de régularité toute composée d'exigences dualistes ne trouve elle-même sa limite que dans une nouvelle notion dualiste, lors que les ouvrages s'embellissent en outre de variété et que l'harmonie y est mise en balance avec la diversité vivante. Ce sont là deux splendeurs qui ne se déclarent qu'au détriment l'une de l'autre. Si Cléopâtre a le visage bien régulier, elle m'ennuie ; mais si elle a le nez trop long, elle est moins belle. Ce dualisme où elle hésite suffit à la faire sourire.

Le Beau, reconnaissent volontiers les artistes d'aujourd'hui, c'est ce qui convient. Mais ce qui convient, c'est ce qui *va avec* : le dualisme.

Voyez les maîtres de la musique classique, leurs symétries mélodiques, leurs reprises, leur style d'imitation. Ils font cheminer ensemble deux, trois, quatre parties. Mais elles ne s'entrecroisent que pour se retrouver ensemble et pour recommencer toujours à se répondre. Beethoven leur apprend à grouper tous les instruments de la même famille. Mais c'est encore afin d'en opposer plus utilement les timbres.

Quant aux monuments de l'architecture et de n'importe laquelle, qu'en resterait-il, je vous prie, si l'on en retranchait la répétition des masses ? Rien ne découvre mieux cet instinct qui nous porte à chercher en définitive une occasion principale de compter le nombre *deux* que l'empressement toujours apporté par nous à résumer l'œuvre en des oppositions, à la résoudre en un contraste. Si les colonnes d'un temple grec sont espacées, nous en considérons le vide et nous mesurons la distance des pleins; mais au contraire si les colonnes sont rapprochées, nous envisageons d'abord des pleins et nous cherchons alors à jouir de l'heureuse distribution des vides, ce qui est dans les deux cas partir d'un élément pour énumérer l'autre *a contrario*.

Que l'on considère les conceptions ou le détail, on en arrivera toujours à masser les effets deux par deux. C'est dans le mode selon lequel se fixe cette division supérieure et se construit la dualité dernière de l'œuvre, que l'on en connaît la solidité harmonieuse. A cet égard, l'*Iliade* ou *Polyeucte* sont des types de Beauté. Tout ce qu'ils renferment se groupe doublement et rien n'y vaut qu'en vertu d'une telle antithèse, qui propose à l'homme des passions alternées et de sublimes embarras.

Sans doute de si violents parti-pris sont écartés la plupart du temps. Beaucoup d'œuvres excluent ces trop ostensibles antithèses. Mais alors même un certain dualisme, universellement répandu dans le travail, reste supposé. On sent que rien ne s'y affirme, de peur de l'affirmation contraire. Cette vieille dame de Whistler, présentée de profil, assise avec rien du tout devant elle, peinte avec des fluides, si belle, s'efface exquisément dans sa pénombre cendrée. Mais, si un geste moins las, si quelque vive couleur s'en détachait, suffirait-il qu'elle fût ainsi tournée, sans plus, vers ce gris et vers ce rien, et ne faudrait-il pas aussitôt qu'en face d'elle et de l'autre côté du tableau, une autre affirmation se révélât, tache colorée, incident ou lumière, pour équilibrer tout, comme des strophes se répondent. Ainsi le dualisme s'y atténue par la pondération légère d'une infinité d'éléments. On nous épargne les barbaries de l'évidence : du moins faut-il que l'artiste concilie toute expression avec les dédains de notre œil affiné. Il y a dualité vraiment entre ce fait et cette délicatesse et il y a dualité entre toutes les exigences de cette délicatesse.

Il n'en va pas autrement dans les œuvres franchement expressives. C'est ici une couleur qui éclate, sans qu'une autre la soutienne, un geste emporté qui rompt la composition, un sanglot qui s'étouffe, une forme qui s'échappe. Elles requièrent de nous enfin un mouvement passionné. Faut-il encore parler ici de dualisme et de symétrie ? Assurément.

Où l'Unité échappe, il faut que la passion entre en scène pour rétablir l'ordre supérieurement. Le centre de gravité est reporté en dehors de l'œuvre; c'est notre émotion qui la complète, en tenant lieu de ce qu'il y manque. Elle suppose, elle nécessite le monde et l'humanité, et c'est alors surtout qu'il faut parler de compensation et d'un immense dualisme. Le dualisme est vraiment entre elle et nous. L'un des deux éléments de la symétrie principale est mobile et court en liberté par le monde, et c'est bien ce qui rend ces œuvres criantes et douloureuses. Aussi eurent-elles souvent la fortune de passionner la foule, car elle sent bien qu'elle y joue quelque rôle obscur.

Ainsi cette statue de la Synagogue, les yeux bandés, la couronne chancelante, toute en désordre, que l'on voit sur plusieurs cathédrales, n'a de portée qu'autant qu'on la complète par la notion de l'Église dont elle traduit l'absence; elle exige de nous que nous dressions dans notre for intérieur l'effigie complémentaire de l'ordre catholique.

Ainsi encore *les Orientales* de Victor Hugo doivent leur tragique splendeur au drame qui ensanglante l'Orient contemporain.

Le réalisme enfin, même et surtout si nous l'envisageons dans l'outrance naturaliste, tire son effet d'une vertu de réaction qui est en lui. Car il n'atteindrait pas à cette acuité, s'il n'était solidaire d'un art différent dont il fronde les généralités poncives ou sentimentales. Il vaut vraiment par une forte affirmation qui suppose en dehors de lui des contradictions compensatrices.

Le dualisme est toujours un procédé nécessaire, et c'est la dernière équation à laquelle se réduise la Beauté.

Les teintes et les tons d'un tableau s'équilibrent deux par deux, ou cent par cent. Il est frappant combien les peintres de ce siècle en sont devenus pleinement conscients depuis Delacroix. Leur palette s'est renouvelée. Ils décomposent aujourd'hui les teintes grises en leurs éléments premiers, dont ils utilisent le mélange à distance. L'un d'eux, qui est un assembleur de clarté, M. Signac, en a fort bien exposé la théorie[1]. Il nous montre comme, chez Delacroix, chaque couleur est nuancée, éteinte ou surexcitée par le voisinage d'une autre. « Veut-il modifier une couleur, la pacifier, la rabattre? Il ne la souille pas en la mêlant à une couleur oppo-

---

1. Paul Signac : *D'Eugène Delacroix au Néo-Impressionnisme*. (Edition de la *Revue Blanche*.)

sée : il obtient l'effet cherché par une superposition de hachures légères, qui viennent influencer la teinte dans le sens voulu, sans en altérer la pureté. Il sait que les couleurs complémentaires s'excitent, si elles sont opposées, et se détruisent, si elles sont mêlées : s'il désire de l'éclat, il l'obtient par leur contraste en les opposant ; au contraire, par leur mélange optique, il obtient des teintes grises, et non sales, qu'aucune trituration sur la palette ne pourrait produire si fines et si lustrées. » Une analyse exacte des *Femmes d'Alger dans leur appartement* ne laisse pas de doute à ce sujet. La décoration de la chapelle des Saints-Anges à Saint-Sulpice en fournit un autre exemple. Chaque couleur y est précisée par sa voisine ; celle-ci est de nouveau corrigée par une troisième, et ainsi de suite. De couple en couple, vous feriez le tour de la composition.

C'en est assez, je pense, sans qu'il soit besoin d'en appeler encore aux rythmes de l'art ornemental ou de la poésie, pour conclure que cette compensation est la loi des tableaux et des musiques, des cathédrales et des tragédies.

.ˣ.

Voilà donc jusqu'où vont toutes les techniques.

Je ne dis pas que toute œuvre ainsi construite soit belle, mais que toute Beauté connaît cette loi.

Quel grain de génie a-t-il fallu y mettre en plus pour faire le chef-d'œuvre? A quoi tient sa qualité exquise?

A l'invention par laquelle l'écrivain ou l'artiste tenta de franchir le nombre *deux* et de réconcilier les deux matières séparées. C'est son effort pour les unifier qui nous émeut, et c'est ce qu'il imagine de placer entre elles [1].

Reprenons les mêmes exemples.

Dans *Polyeucte*, où l'amour humain est aux prises avec l'amour divin, ce qui nous touche, ce n'est pas l'antithèse de ces deux notions, mais c'est qu'entre elles il y ait un

---

[1]. « On ne montre pas sa grandeur pour être à une extrémité, mais en touchant les deux à la fois et en remplissant l'entre-deux. » Pascal.

homme et que sa souffrance en devienne le trait d'union ; c'est qu'on nous procure par son émoi l'espérance, l'illusion, l'ivresse d'un impossible accord, la joie d'une hésitation.

De même chez Delacroix, de même chez les impressionnistes. Si, au lieu de mélanger des couleurs sur la palette, ils les juxtaposent sur la toile, c'est en vue du mélange optique qui en fait converger les ondes à distance. Ce qu'elles ont de précieux, ce n'est pas le contraste, c'est le frisson qu'elles se donnent les unes aux autres. De ce qu'ils les ont un peu séparées, il s'éveille entre elles des attraits. Elles frémissent de se rencontrer, elles palpitent dans l'atmosphère. Quelque mobilité aérienne les agite. C'en est le charme.

Expressive ou harmonieuse, la Beauté vient donc de cette tendance suscitée, de cette union suggérée, de ce réciproque désir dont on fait trembler deux choses, et d'un peu d'amour qu'elles échangent. Ce qui les sanctifie, c'est le besoin qu'on leur inspira l'une de l'autre.

D'où la pure beauté du mouvement, soit qu'il décèle le secret de deux êtres qui se cherchent, soit qu'on l'aime pour lui-même et à cause de son universel essor vers l'Unité.

Il est un art dont les œuvres ne sont faites qu'avec du mouvement, sans qu'il soit même besoin d'y mêler une seule parole, la musique. C'est le plus prenant et le plus passionnant. Comme elle n'est en toute pureté que du mouvement vierge et nécessaire, elle manifeste, dans la plus harmonieuse sérénité, la plus immatérielle matière, aussi bien qu'elle s'emporte à la plus folle expression. C'est l'art majeur, le moins silencieux, le plus humain. Bien des gens s'en montrent scandalisés : ils en cherchent le sens. Ils l'auraient trouvé s'ils savaient surprendre l'impolluée splendeur du mouvement, car elle n'est que du mouvement qui se meut. Cette évolution d'entités sans langage, ce ballet de pures abstractions nous procure un contentement essentiel. Il n'y a pas de raisonnement qui prévale : notre instinct s'y précipite, toute notre ardeur aimante s'y baigne et s'y noie, comme à la source de l'être. Cela s'expliquerait-il, si notre âme n'était la promise de l'Unité?

VERLAINE
OU LE SCRUPULE DE LA BEAUTÉ

II

VERLAINE

OU LE SCRUPULE DE LA BEAUTÉ

Si la Beauté est essentiellement religieuse, elle devient profane en cessant d'être essentielle.

Ouvrer une œuvre, c'est, dans tous les cas, grouper des éléments d'expression qui s'adressent aux sens, dresser d'abord quelque architecture de sons et d'images. Ainsi l'eurythmie de la Beauté participe de notre physiologie : nulle œuvre d'art n'existe que selon les lois de notre organisme. Et si les formes de la Beauté ne peuvent jamais s'ordonner que selon la loi de l'homme, l'harmonie en consiste à nous procurer de quelque façon le libre jeu de nos organes. Partant la beauté formelle a pour signe le plaisir qu'elle nous donne, car il consiste dans l'exercice normal de notre activité[1]. Rien donc, parmi une œuvre, ne s'exprime qu'agréablement : toute forme est joyeuse. Point d'art qui ne marque quelque souci d'une forme expressive. Nulle forme qui ne sollicite de nous le frisson païen de l'intelligence la béatitude physique de l'évidence. L'attrait des œuvres d'art en est la parole et la volupté l'idiome de l'art.

De là quelque paganisme de la Beauté.

Voilà pourquoi de hauts artistes se sont si admirablement obstinés à tenir d'obscurs langages. Eussent-ils été de clairs parleurs? Leur clarté même nous eût fermé l'accès de la pensée essentielle par un réseau d'agréments extérieurs. Le sens de l'œuvre nous eût été interdit par un cercle de charmes ensorceleurs. Deux harmonies leur ont semblé inconciliables, l'harmonie catholique et l'harmonie formelle. C'eût été un contresens de s'exprimer.

Et voilà pourquoi encore d'autres ont crié

---

[1]. « La Beauté est une logique qui est perçue comme un plaisir. » (*Remy de Gourmont*.)

sur l'art la parole d'anathème. Outre qu'ils virent dans la beauté des formes une magie par quoi l'esprit est inutilement captivé, il leur semblait aussi que le divertissement où elle arrête notre sensualité n'est rien qu'amollissant et voluptueux, et ces vains jeux des lumières et des musiques leur apparurent de détestables fêtes de nos sens, plutôt qu'un langage que l'homme puisse parler à Dieu. Il ne pouvait être d'art religieux, puisque l'art flatte d'abord nos passions. Et comme Platon avait chassé Homère, le dominicain Savonarole se fit iconoclaste et brûla les écrits de Dante et de Pétrarque.

L'ombre de Savonarole est sur Verlaine.

Je voudrais dire en lui l'artiste et l'homme, et comment, dans un drame littéraire exquis et douloureux, le poète catholique fut consommé par le corps à corps de ces deux frères ennemis qu'il fut.

*
* *

Non, on ne trouverait pas dans toute notre poésie française un virtuose tel que Verlaine.

Il a débuté par être un pur parnassien, ce qui est dire un ciseleur de verbes rares, et l'on a pu désigner ses *Fêtes Galantes* comme le chef-d'œuvre du Parnasse. Il se plia aux plastiques les plus diverses. L'on sait de lui, dans les *Poèmes Saturniens*, des pièces védiques et helléniques où est jouée de main de maître la maîtrise de Leconte de Lisle, d'étincelants feux d'artifice de rimes, folles et mélancoliques ensemble, et chatoyantes de plus de grâces spirituelles que n'en a la gaîté banvillesque, si brusque parfois et comme si colérique, des pages qui pourraient aussi bien être signées de Théophile Gautier, d'imprécis tableaux que lui eût enviés Sainte-Beuve, des truanderies à la Richepin, et au surplus des pièces *A la manière de Paul Verlaine*. Il n'est peut-être de si divers en cette génération et de si aisément protéiforme qu'un autre ouvrier, Saint-Saëns. C'est volontiers donc d'un mot *artiste* qu'il s'exprime. Il dira : « un Watteau rêvé par Raffet. »

Qu'il a évoqué de paysages ! Que sa vision est ondoyante et informée ! Ce sont des grotesques à la Callot, des eaux-fortes, des gravures à la manière noire, des Tony Johannot, des natures que Watteau eût galamment chiffonnées, des buées mythologiques où le rêve de Corot s'évapore. Mais pour moi, tant se soutient en lui l'intelligence de la modernité, je le lirais volontiers au Luxembourg parmi les tableaux légués par le peintre Caillebotte, ou en quelque banlieue par-dessus l'agglomération des toits de tuile. Il sent en effet toutes choses en peintre impressionniste. Il rappelle Monet pour la curiosité, Manet pour l'amertume sobre de la vision. Ses paysages sont concis et simples, teintés d'humeur, résignés, vus sur le vif. L'aspect en trahit un raffiné, avec un peu des hallucinations de la fatigue. Ils sont d'un œil exercé à solliciter de toutes parts des effacements et des nuances, qu'au besoin il réalise en regardant. Les paysages de ville l'ont fasciné et il fut des artistes de cet âge qui se prirent d'une prédilection nostalgique pour Londres et Bruxelles. Il a inventé le gris Verlaine.

Mais ce paysagiste fut surtout un musicien. L'âge de la sculpture ayant été, dans la poésie française, révolu par les poèmes marmoréens de Leconte de Lisle, beaux de lignes et d'attitudes, Verlaine délia le régulier et sinueux assemblement des formes, morcela l'alexandrin, cassa la statue et en fit tinter les morceaux comme du cristal. La rime tantôt s'étouffa dans la rapidité des enjambements et tantôt vibra éclatante, soutenue, timbrée par les échos intérieurs du vers. Tant d'éléments qui étaient associés en une plastique, il les réunit selon de la musique :

> « De la musique encore et toujours !
> Que ton vers soit la chose envolée
> Qu'on sent qui fuit d'une âme en allée
> Vers d'autres cieux à d'autres amours... »

Celui qui se complaisait aux paysages de cendre et aux ciels de perle se berçait plus volontiers aux rythmes impairs, de musique ténue et troublante, et désolée encore, mais si peu.

> « De la musique avant toute chose
> Et pour cela préfère l'Impair,
> Plus vague et plus soluble dans l'air,
> Sans rien en lui qui pèse ou qui pose.

> Il faut aussi que tu n'ailles point
> Choisir tes mots sans quelque méprise :
> Rien de plus cher que la chanson grise
> Où l'Indécis au Précis se joint.
>
> . . . .
>
> Car nous voulons la Nuance encor,
> Pas la couleur, rien que la nuance !
> Oh ! la nuance seule fiance
> Le rêve au rêve et la flûte au cor ! »

Il a joué des morceaux étonnants. Qu'il exaspère avec un art, avec une délicatesse les mètres différents les uns par les autres ! Volontiers il use de l'ancien dix pieds (4 + 6) dont les deux inégales moitiés s'efforcent l'une vers l'autre, haletant par là et inquiet comme les impairs, et il en rehausse au besoin l'emploi du voisinage paradoxal et lancinant des pentamètres. Écoutez plutôt :

> « Comme la voix d'un mort qui chanterait
>   Du fond de sa fosse,
> Maîtresse, entends monter vers ton retrait
>   Ma voix aigre et fausse.
>
> Ouvre ton âme et ton oreille au son
>   De ma mandoline.
> Pour toi j'ai fait, pour toi cette chanson
>   Cruelle et câline. »

Il sait encore le charme des syntaxes évocatrices et la chanson des mots câlins. Des paroles légères et aériennes ainsi, de mélodieusement simples, de frêles et de frissonnantes, de pleureuses si délicieusement, de qui en avons-nous entendu ? De Musset, peut-être. Aucune pourtant que je n'oubliasse volontiers pour ceci :

> « Écoutez la chanson bien douce
> Qui ne pleure que pour vous plaire.
> Elle est discrète, elle est légère :
> Un frisson d'eau sur de la mousse...
> . . . .
>
> Accueillez la voix qui persiste
> En son naïf épithalame.
> Allez, rien n'est meilleur à l'âme
> Que de faire une âme moins triste.
>
> Elle est en peine et de passage,
> L'âme qui souffre sans colère,
> Et comme sa morale est claire !...
> Écoutez la chanson bien sage. »

A toute page s'accusent des formules sveltes et nerveuses, des ellipses, des raccourcis et des fuites de mots, des barbarismes où se trahit le forgeron-né de bonne langue française.

Un artiste prodigieux enfin, un fin voyeur, un violoniste inquiétant. Par-dessus tout, un poète malicieux qui craint les voies battues, les couleurs bruyantes, les musiques pompeuses, et de rêver langoureusement au bord des lacs.

*
* *

L'homme en effet que chante ce musicien de soi-même est profondément sincère, et jusque presque au cynisme. Qui ne le sait ?. Nous eûmes jadis à défendre sa mémoire, dans la presse catholique, hélas! où la publication de *Parallèlement* avait fait douter de la probité parallèle d'une œuvre telle que *Sagesse*. Qui ne voit qu'un converti suspect se fût soigneusement gardé de tant de maladresse? La naïveté éclate et la bonne foi, garante de la foi. En vérité on l'eût trouvé sincère, s'il l'eût été moins.

Il fut surtout un vieil enfant, prompt à

l'enthousiasme, à la plaisanterie et à la colère, un « don Quichotte », terrible et comique à la fois, de volonté faible et de mœurs abandonnées, bavard, un peu ivrogne, très maniaque, criant pour se faire peur, un matamore qui se serait rossé lui-même, ἑαυτὸν τιμωρούμενος, s'accusant, s'il est possible, de plus de vices qu'il n'en avait et capable en effet d'en inventer, assez candide toutefois pour faire dans le même temps l'hommage d'un cœur pur à la Vierge Marie, suprêmement touchant! « L'âme d'un immortel enfant, écrivait Charles Morice, c'est en effet l'âme même de Verlaine, avec tous les bénéfices et tous les dangers d'être cela : avec les prompts désespoirs facilement distraits, les grandes gaîtés sans grands motifs, les défiances et les confiances excessives, les volontés tôt lasses et les sourds et aveugles entêtements, — surtout avec le perpétuel renouveau des impressions dans l'incorruptible intégrité de la vision, de la sensation personnelle. »

A propos de lui, quelques-uns ont pu nommer Villon. Il fut certes incapable de « composer » sa vie, le même qui répugna toujours à « arranger » ses poèmes. Car lisez par exemple certaine *Ariette oubliée* : les idées s'y enfilent au petit bonheur des rimes heureuses, amusantes, fantaisistes, hermaphrodites :

> « C'est le chien de Jean de Nivelle
> Qui mord sous l'œil même du guet
> Le chat de la mère Michel ;
> François-les-bas-bleus s'en égaie... »

Il aime ainsi à parler devant lui, sans apprêt, selon lui-même. Dix autres pièces, même de fort graves, se rapprocheraient de celle-ci pour le décousu et l'incomposition. « Divagations », c'eût été aussi le titre de quelque florilège verlainien.

Je déchiffre encore sa sincérité dans ce ton de bon garçon méticuleux dont il nous conte sa vie, dans l'insistance gênante avec laquelle il nous en récite l'histoire, sans omettre sa femme, ni son fils. Cela est capital pour lui, je veux dire la confidence de sa misère, parce que rimer, c'est avouer son âme, et il écrit fiévreusement, ayant vécu anxieux. — Je suis frappé du sérieux avec lequel, parmi cette grisante mascarade de mots et cette fête de la parole, il prononce, il pose certains vocables atones, pédants, vulgaires, mais pesants de sens : il a le respect de la pensée et c'est inconsciemment qu'il mêle sans cesse à la mélodieuse chanson des mots le bruit mat des idées.

On sait le chauvinisme de Verlaine, Messin, patriote exalté :

> « Une chanson folle et légère
> Comme le drapeau tricolore
> Court furieusement dans l'air,
> Fifrant une France âpre encor. »

Oui, il pense à la revanche, et il en parle avec colère.

La caractéristique de cet enfant perdu, c'est bien le sourire d'une sincérité suprême, sincérité consciente qui sait le poids et la vertu des mots où elle s'exprime, s'en joue, regarde comme elle s'en joue et à plaisir en mésuse, de peur de ne plus être sincère, mais en mésuse si adroitement ! Aussi quand la souffrance et quand la fureur d'aimer tordirent cet être et qu'il vibra, quand Dieu lui prit celui qu'il avait élu pour son enfant et quand Jésus terrible le terrassa, tout le sang de son cœur jaillit en vers rouges. Le verbe d'airain du vieil Hugo, sonnant comme une cloche éperdue, fit pleuvoir des larmes. Et il en est resté à jamais « le Chevalier qui saigne sur Azur[1] » !

Aussi n'attendez pas de lui, quand il se convertit, qu'il roule en des rythmes pompeux son âme renouvelée. Il s'indigne sans mesure contre lui-même, il crie sa foi, et ce n'est pas une religion majestueuse et sonore qu'il chante, comme Lamartine, mais un catholicisme intégral, précis et humble.

*
* *

Un tel artiste, un tel homme, quelle contradiction, et que voici fortement posé le problème d'une poésie mystique !

---

1. Léon Bloy, *Un Brelan d'Excommuniés*.

Les sentiers d'un art catholique sont embarrassés de scrupules inextricables. C'est un terrible *Art poétique* que l'*Imitation* : « *...Oportet te stultum fieri propter Christum... Non enim in sermone est regnum Dei, sed in virtute... Apparebit Christus... cunctorum auditurus lectiones, hoc est singulorum examinaturus conscientias!...* » Disputé à lui-même par les sorcelleries de l'art et les monitions de l'ascétisme, Verlaine a trébuché que de fois! Mais c'est là même qu'il commence d'être mystique et c'est à ces faux pas qu'il s'élève.

D'ailleurs l'artiste était en lui de telle souplesse que, de soi-même, son vers était capable de se plier à toute pensée, et, par modernisme, de se faire exact jusqu'à de l'austérité. Une certaine veulerie de la forme, si curieusement déliée, se prêta naturellement au ton résigné des paroles du sacrifice et du renoncement, à la sérénité aussi du détachement. Et enfin ces rythmes impairs où il était un maître pouvaient excellemment traduire la boiterie de son âme malade et l'essoufflement des luttes intérieures. Ainsi préexistaient de naturelles correspondances entre l'art complexe de Verlaine et sa ferveur de néophyte.

Mais si l'art est prestesse, la foi est inflexible. Elle ne permet de métaphores que symboliques, pour l'honneur de la pensée et non pour la réjouissance de l'imagination ; elle ne tolère point que le mot porte atteinte par jeu à la sévère composition des sentiments chrétiens, ni qu'il diminue rien des enseignements traditionnels, ni qu'il s'embellisse ambitieusement, et elle impose parfois jusqu'au mauvais goût de ses allégories. Verlaine croyait avec tremblement, il avait la religion de la peur. Il a immolé sa chair et son sang, l'artiste qu'il était.

Des exaltations pompeuses et des formes trop pleines qui sont l'orgie de l'insolente oreille, il s'est gardé. La phrase, soigneusement orthodoxe, se traîne, humble et pénitente, comme un rampement devant le Seigneur. Cette langue fluide et ductile se fait tout à coup lourde d'un adverbe consciencieux, voulu, mais qui s'allège miraculeusement et se détaille, comme de Verlaine :

> « Sainte Thérèse veut que la Pauvreté soit
> La reine d'ici-bas, et littéralement ! »

C'est à une simplicité prosaïque qu'il remet l'expression de cette foi « très douce », qu'il ne faut point qu'un vocabulaire menteur travestisse. Si une harmonie se réalisait à fleur des paroles et que la pensée chrétienne n'apparût plus qu'un prétexte à ces ornements, ce serait un désordre et, dans l'ensemble, une laideur. « Blessé d'amour », il dit purement son émotion, sans plus même de rimes :

> « Seigneur, j'adore vos desseins,
> Mais comme ils sont impénétrables !
> Je les adore, vos desseins,
> Mais comme ils sont impénétrables !...
> . . . .
>
> Voici mon sang que je n'ai pas versé,
> Voici ma chair indigne de souffrance,
> Voici mon sang que je n'ai pas versé...
>
> Voici mes yeux, luminaires d'erreur,
> Pour être éteints aux pleurs de la prière,
> Voici mes yeux, luminaires d'erreur. »

Il est excellemment un poète gémissant et il a senti le prix non pas tant encore de la tristesse que de la douleur, passion intimement chrétienne. Il sait en parler avec une souveraine sérénité :

> « L'âme antique était rude et vaine
> Et ne voyait dans la douleur
> Que l'acuité de la peine
> Ou l'étonnement du malheur.
>
> L'art, sa figure la plus claire,
> Traduit ce double sentiment
> Par deux grands types de la Mère
> En proie au suprême tourment.
>
> C'est la vieille reine de Troie :
> Tous ses fils sont morts par le fer
> Alors ce deuil brutal aboie
> Et glapit au bord de la mer.
>
> Elle court le long du rivage,
> Bavant vers le flot écumant,
> Hirsute, criarde, sauvage,
> La chienne littéralement !...
>
> . . . .
>
> La douleur chrétienne est immense,
> Elle, comme le cœur humain,
> Elle souffre, puis elle pense,
> Et, calme, poursuit son chemin.

> Elle est debout sur le Calvaire,
> Pleine de larmes et sans cris.
> C'est également une mère,
> Mais quelle mère de quel fils !... »

S'il a si bien entendu la douleur, c'est qu'ainsi qu'elle son âme avait deux faces, la païenne et l'autre, la toute sage et toute pénitente.

Homo duplex en effet. Ce dualisme de l'homme sincère et de l'artiste menteur (si ténu soit-il, l'art n'est-il pas toujours un peu mensonge?), ce dialogue intérieur qu'on croit entendre du croyant et du sceptique (la virtuosité n'est-elle pas un scepticisme?), cet équilibre dans une souffrance se grandit d'être selon le cœur du poète, écartelé par le vice et le bon propos, d'en être le symbole. Une âme tourmentée, une forme inquiète : une lutte qui en évoque une autre. On dirait du combat de Jacob avec l'Ange. Mais de toutes parts l'artiste resurgit, toujours plus fort de sa défaite, plus fort contre Dieu !

Il est à remarquer que Verlaine ne se grandit que par cette lutte contre soi-même et dans les heures d'extase qu'elle lui valut.

Son Dieu sans doute ne l'avait pas élu séraphique, et quand il ne s'attacha qu'à célébrer les pompes de l'Église, il fut parfois médiocre, comme on s'en peut convaincre à lire certaines pages des *Liturgies intimes*.

Le meilleur bénéfice de cette antithèse de l'artiste toujours renaissant de lui-même et du chrétien tremblant fut l'accroissement, comme d'une grâce, de la simplicité. L'art n'y perdit rien. Que des mots harmonieux ou pittoresques soient rejetés d'une langue qui se purifie, il n'importe. Le propre en était de nous émouvoir. D'autres paroles moins chantantes, mais plus exactes dans leur surdité, vont nous émouvoir, et plus profondément, par le sens qu'elles apportent, et cette émotion, transfigurant les mots, leur restituera tous les charmes qui en avaient été retranchés. Ainsi une union plus forte de deux éléments plus divers, s'il est permis d'opposer ainsi une forme très humble et une pensée très haute, réalise une harmonie plus vaste et plus belle. Chez Verlaine, la pensée religieuse s'est assimilé le vers au point d'avoir neutralisé ce paganisme dont toute forme d'art s'entache. Un feu purificateur a embrasé le verbe et y a tué les germes nuisibles. Ce qu'il en peut rester, l'amour de Dieu le justifie. N'est-il point admirable et permis d'aimer Jésus en des transports où frémisse la chair et d'exulter par tout soi-même sous un baiser divin ? La poésie religieuse de Verlaine ne va pas sans quelque volupté mystique. Il fut en effet le poète des Sacrements et de la Présence Réelle, le poète du Jeudi Saint. Et c'est sa gloire d'avoir pu le premier s'y élever sans être odieux ni ridicule, par le double miracle d'un art affiné et d'une absolue candeur.

Il semble qu'en cette bataille contre soi, les deux Verlaine que nous avons évoqués, grandissant l'un par l'autre, aient élevé les élans contraires de leurs deux âmes jusqu'aux audaces des voûtes gothiques dont les plans et les nervures s'arcboutent obstinément les uns contre les autres, et que Jésus soit passé sous cette douloureuse et folle ogive de la lutte intérieure, entrant pour la première fois dans la poésie française, comme en son héritage.

⁂

J'ai écrit ces lignes près de la belle lithographie que fit Carrière du poète de *Sagesse*, sous la bénédiction de son regard saignant. Une immense douleur en descend. La tête inclinée émerge des ténèbres comme d'un néant qu'elle regretterait et elle ne se fait lumineuse que dans une tristesse : sa lueur la meurtrit. Le front haut cependant et le crâne chauve se mouvementent, des méplats s'accusent. Les pommettes saillissent et les joues se creusent. Le nez s'enlève et les arcades sombres s'ouvrent comme des abîmes. Le menton s'éclaire dans la barbe rejetée violemment et la moustache déferle sur les lèvres qu'elle cache. Tout cela s'agite et rebondit, monte et s'abaisse, se convulse, ondule et se tourmente ainsi que sous un souffle et comme une vague de la mer. Une âme jaillit de cette surface expressive : c'est la face même de la Souffrance ! Mais elle est splendide et belle de l'humilité endolorie dont elle est criante. Elle est la face de celui qui a écrit le plus poignant livre religieux, le plus doux poème de la vie intérieure que nous ayons lu depuis l'*Imitation de Jésus-Christ*.

UN PASCALIEN : ERNEST HELLO

III

UN PASCALIEN : ERNEST HELLO

En lisant Hello, je pensais à Pascal.

Je sais combien ils diffèrent, combien en particulier ils défient les rapprochements, comme chacun d'eux est unique et quelles niaiseries l'un d'eux a écrites.

Et je sais aussi quelle puérilité c'est presque toujours que d'apparier ainsi des couples d'écrivains, de géminer, par manière de divertissement, ceux que le ciel dota d'un génie libre. Je le sais, et que les grands hommes ne s'en vont pas deux par deux vers la postérité, — comme des héros de Plutarque.

Mais il y a, entre Hello et Pascal, une communauté de solitude. Leur isolement les réunit.

Je les rassemble ici parce qu'ils se ressemblent, et à des profondeurs effrayantes.

* * *

Mondains et frivoles, l'un et l'autre s'étaient convertis. Mais ne le rapporte-t-on point aussi de Lacordaire ?

Pascal va mourir chez sa sœur pour ne pas déranger un pauvre qu'il a installé chez lui. Hello ne faisait jamais l'aumône à un mendiant qu'il ne le saluât. « A l'église, Mme Hello s'était étonnée plus d'une fois de le voir rechercher avec une sorte de prédilection certain coin obscur où il y avait des crachats par terre. Elle lui en fit un jour l'observation. Il ne répondit pas et n'en continua pas moins : c'était l'endroit des pauvres. » Mais la vie des saints est pleine de ces leçons.

Mystiques tous deux et assidus aux observances de la plus stricte piété, ils se donnèrent parfois pour adversaires, quoiqu'en des conjonctures bien différentes, des catholiques. Ce furent des croyants terribles que leurs coreligionnaires n'osaient suivre. Mais qu'il s'est élevé de désaccords entre les personnes pieuses en ce qui concerne la foi, et surtout en ce qui ne la concerne point !

La santé de Pascal était des plus délicates. Il disait à la fin de sa vie que, depuis l'âge de dix-huit ans, il n'avait point passé un seul jour sans douleur. Quand Hello se maria, sa mère lui donnait six mois à vivre : ce souffle anima les trente années de sa vie d'écrivain. De là, chez eux, un sentiment très vif, toujours présent, toujours pressant, de la fragilité de l'homme, et parmi tant de hardiesse, une humilité profonde de l'intelligence, entretenue par les avertissements de la chair. De là un amour de la souffrance acceptée, à laquelle ils ont ardemment pris goût et qu'ils aiguisent encore de toutes leurs mortifications, une faculté troublante, qu'ils tiennent de la douleur physique, d'exprimer les tortures de l'âme. « Ma maladie, c'est moi ! » s'écrie Hello. De là enfin dans leurs écrits une angoisse haletante, que communique à toutes les pages le contraste entre la réalité éternelle et vivante à laquelle ils aspirent et la fragilité de leur souffle.

Mais c'est intimement qu'ils ont un air de famille et c'est à l'essence des choses qu'ils se rencontrent. S'ils ont marché parfois l'un près de l'autre, c'est en s'approchant de la Vérité.

Ce qu'ils ont de commun, c'est le radicalisme intransigeant de leur pensée, c'est le regard aigu qu'ils jettent dans l'âme, ce sont les cris éperdus que leur arrachent les abîmes.

* * *

« Je remonte au Principe! » Telle fut la suprême parole d'Hello. En la disant, c'était son âme qu'il exhalait.

Pascal et Hello envisagent infatigablement dans les vaines apparences un principe immuable et caché. A tous les regards jetés sur l'univers ou en soi-même, Pascal aperçoit une preuve imprévue des vérités qu'il veut défendre, Hello les traces de l'Être absolu qu'il veut contempler. Ils portent au fond de toutes choses une vision essentielle. Cette préoccupation de pénétrer jusqu'aux racines de toutes idées est ce qu'il y a de plus enraciné chez eux. Ils réunissent dans le même concept les termes les plus étranges, les plus disparates, entre lesquels ils conçoivent un lien qui nous échappe.

D'où ils tiennent deux puissants caractères, à savoir de retrouver les principes premiers dont ils sont en quête jusque dans les plus minces phénomènes, et d'apercevoir d'un seul coup, dès les causes les plus hautes, des effets les plus reculés et les plus imprévus.

Par exemple, lorsque Pascal reconnaît dans notre besoin de divertissement « le malheur naturel de notre condition faible et mortelle, et si misérable que rien ne peut nous consoler, lorsque nous y pensons de près », et en même temps « l'instinct secret qui reste de la grandeur de notre première nature » et qui nous porte à chercher le repos dans l'agitation, — et lorsque d'autre part, Hello, s'avisant combien le rire est loin de la gaîté et comme la joie est près des larmes, voit dans le rire « la Parole de la Relation brisée », et dans les larmes « la Parole de la Relation sentie », — ils font la même opération d'esprit, puisque dans le plus futile de nos plaisirs et dans notre plus fugitive humeur ils déchiffrent le signe de la destinée humaine ou contemplent la splendeur de l'Être.

Pascal observe que, « si la foudre tombait sur des lieux bas, les poètes... manqueraient de preuves. » Pour Hello, « l'horizon porte sur la stupidité humaine une condamnation », et ce lui est l'occasion de s'emporter contre *le bourgeois*, épris de commérages et de disputes imbéciles. C'est de part et d'autre créer la relation vénérable de cause à effet entre les grandes fêtes de la nature et nos petites affaires.

Ils rattachent donc puissamment à un principe unique ce qui s'offre à nous épars et désordonné. Ils relient simplement et d'un trait de leur logique deux points obscurs de l'univers, comme la foudre deux lieux magnétiques. Grâce à une relation saisie entre des termes éloignés, ils enferment le monde dans une proposition. Ce sont des esprits directs. « Voulez-vous mesurer la portée intellectuelle d'un homme, dit Hello, demandez-vous quelle est sa conception de l'Unité. » Ils ont le magique pouvoir d'ouvrir l'angle de leur vision jusqu'à embrasser le zénith et le nadir dans un même regard. Ce qui est proprement l'air de leur génie, c'est une brièveté substantielle. Ils sont des abréviateurs.

Aussi le mouvement de leur pensée vient-il de cette aptitude à considérer les extrêmes. Ils se plaisent aux contrastes violents, Pascal au spectacle de la grandeur et de la misère de l'homme, Hello à la contemplation de l'Être et du Néant. L'un est frappé de ce que la chrétienté a été sauvée par un grain de sable qui s'est mis dans l'uretère de Cromwell, l'autre par la sottise des gens du monde « dont la principale affaire est de fuir la face de Saint Jean ». « C'est un spectacle effrayant de regarder n'importe où », dit Hello.

La vapeur et l'électricité faisant à l'homme une vie plus rapide, la photographie fortifiant le souvenir chez l'homme à mesure qu'il vit plus hâtivement, telle est une conception grandiosement curieuse. D'où vient-elle à

Hello, que de cette faculté d'associer dans un regard tous les fantômes de la diversité, de cette puissance de synthèse qui lui est commune avec Pascal?

Mais à faire tenir dans une seule pensée l'infiniment grand et l'infiniment petit, la grandeur et la misère de l'homme, l'Être et le Néant, l'Orient et l'Occident, tout l'univers et un peu plus, on arrive à se contenter de quelques pensées. Ces propositions, en enfermant les extrêmes, suppriment les propositions intermédiaires. Plus les idées se font étendues, plus elles deviennent rares. Une pensée, à force de tendre vers l'Unité, finit par la réaliser en elle, par être unique. « Le progrès, pense Hello, consiste à diminuer le nombre de ses idées. » L'esprit de ces hommes est pareil à un propriétaire qui accroîtrait successivement ses biens de tous les morceaux de terre d'un pays, jusqu'à posséder le pays tout entier. Il diminuerait le nombre des propriétaires, de la même façon que Pascal et Hello leurs idées[1].

---

[1] « Pour bien écrire, il faut sauter les intermédiaires, assez pour n'être pas ennuyeux; pas trop, de peur de n'être pas

Pascal distribue toute la philosophie entre Épictète et Montaigne. Eux seuls avant lui ont pensé, parlé, écrit, et ils ont précisément avancé les deux thèses qu'il va tour à tour admettre, combattre et compléter. Le propriétaire, maintenant qu'il a fait la synthèse de tout le pays, l'administre selon sa guise et son arbitraire. Il ne s'embarrasse pas d'ailleurs de l'avouer. « Ce n'est pas dans Montaigne, mais dans moi, que je trouve tout ce que j'y vois. »

De même Hello. Il attribue au XVIII° siècle tout ce qu'il tient pour détestable. « Il y a dans l'histoire de la médiocrité humaine, dit-il, un nom qu'on peut rappeler ici. S'il n'appartient pas en fait au XVIII° siècle, il lui appartient en droit ; c'est le nom d'Ovide... Ovide c'est le XVIII° siècle anticipé. C'est une menace de la versification, capable de faire pressentir *la Henriade* à quelque esprit un peu sagace. »

On conçoit que de tels *chercheurs d'Absolu*

---

entendu. Ce sont ces suppressions heureuses qui ont fait dire à M. Nicole que tous les bons livres étaient doubles. » Montesquieu. (Fragments inédits publiés par *l'Ermitage*.)

n'aient pas volontiers pris leur parti de ne pas le rencontrer dans le monde. Ils se résignent mal à vivre dans une société où les Principes ne sont pas posés en principe. Ὁ νόμος πάντων βασιλεύς, disait le vieil Hérodote : ils se révoltent contre cette royauté de la coutume. Ils rêvent pour l'Absolu d'un pouvoir absolu.

« Mon ami, dit ironiquement le solitaire de Port-Royal, vous êtes né de ce côté de la montagne : il est donc juste que votre aîné ait tout... Vérité en deçà des Pyrénées, erreur au-delà. » Pour lui, il n'y a pas de Pyrénées. « Quoi d'étonnant, remarque-t-il, si les représentants d'une aussi plaisante justice, en sont réduits, pour fortifier leur autorité, à s'emmailloter en chats fourrés ? » Qu'est-ce encore que les *Petites Lettres* sinon la protestation contre une certaine souplesse de la conscience, qu'il voudrait inflexible jusque dans les affaires les plus délicates et qu'il souhaiterait que l'on conduisît, jusque dans les circonstances où elle n'est pas engagée, avec la même rigueur que l'on conduit un théorème géométrique ? Qu'est-ce, dans l'ensemble, que *les Provinciales*, sinon un plaidoyer pour l'absolu en morale ?

Le respect humain est l'ennemi personnel d'Hello. Il se porte avec la même fougue à vivre qu'à spéculer. Il voue à ses adversaires une haine métaphysique. « On dit que la philosophie n'est pas une science pratique. Voilà l'erreur et voilà l'absurdité. Dieu est *l'acte pur*. » C'est pourquoi il lui faut des victoires sans concessions. « L'absolu est la chasteté de la victoire ! » Et il ne lui est besoin que d'un peu de théologie pour dénouer la question d'Orient.

Ces conquérants de l'empire philosophique passèrent dans le monde qui ne leur appartenait pas avec des allures cassantes de vainqueurs. Ces malingres traitèrent la vie en province conquise.

*
* *

Il semble qu'à entrer si malaisément dans l'intelligence de ce qui est incertain et transitoire, ils eussent dû médiocrement connaître ce qui est l'inconstance même, l'âme de l'homme.

Au contraire.

La passion avec laquelle ils se précipitent aux idées pures leur fait saisir ce qui précisément les obscurcit, la passion. Ils lui empruntent son instinct pour la découvrir, sa violence pour la combattre, et comme elle est une maîtresse d'erreur et d'aveuglement, ils portent en elle la lumière.

A la vérité ils ne comprennent pas qu'on l'étudie pour l'étudier, ni qu'on la mette en jeu pour se divertir. Pascal n'est guère plus tendre pour le théâtre de Corneille, qu'Hello pour le roman moderne. « Les esprits faibles, opine ce dernier, débutent par la psychologie. »

Ce sera donc leur fièvre de certitude qui les déterminera à pénétrer dans le cœur humain, et ce sera à des adversaires qu'ils infligeront le supplice de les connaître. C'est passionnément qu'ils regardent la passion. Ils scrutent l'âme avec la perspicacité de la haine. Ils lui demandent des contradictions, des désordres, des erreurs, de la ténèbre.

Tout ce qui est en elle, pour les principes premiers de leur doctrine, pierre d'achoppement, voilà leur pierre de touche. Ils n'analysent que s'ils réprouvent, et la vigueur de leur réprobation fait l'acuité de leur analyse. Plus ils détestent, plus ils voient. Il y a dans leur regard non seulement de la lumière, mais de la flamme. Ils éclairent les choses, en les brûlant. On a dit que Joseph de Maistre transperçait tout ce qu'il voyait. Eux aussi, ce qui fait qu'ils voient souvent au-delà. Ce sont des psychologues de combat.

Voici Pascal, humble et austère. Qu'on dise s'il n'a pas fallu que la colère poussât ce géomètre pour qu'il devînt le psychologue des *Provinciales*. S'il fouille avec ces raffinements d'analyse l'âme du « bon père », c'est qu'il voit en lui non pas seulement un homme, mais une vivante doctrine. Dans les *Pensées* même, c'est parce qu'il considère le néant de l'homme et qu'il fait de l'homme comme sa victime, qu'il atteint à ses fibres les plus secrètes. Il met sa complaisance à l'humilier en l'analysant, à l'abaisser en se baissant vers lui, à le confondre en le fixant.

Un mépris soutient sa vision. Son regard creuse dans le cœur humain des abîmes de misère. Il venge l'Absolu en le regardant.

Chez Hello aussi, la vision est perçante selon qu'il est ému. Comme il démasque la *petite critique*, cette menteuse « qui attire en faisant le vide ! » Les régions battues de l'âme lui ont été une Amérique. Il a découvert que le doute n'était point un état d'esprit, mais une passion. Il en a trouvé une autre, la passion du malheur. Le plaisir, à savoir, qu'éprouvaient les barbares à faire souffrir, nous l'éprouvons à voir souffrir. « Le goût des larmes est le goût du sang raffiné. » L'homme aime jusqu'à son propre malheur. Il se donne l'illusion de la désillusion et cette passion s'est vêtue d'une forme nouvelle en prenant l'attitude mélancolique de la paresse. Voyez la littérature romantique. Les *Paroles de Dieu* contiennent une belle étude de la Peur. Il y a une seule chose dans l'immense univers dont l'amour-propre ne puisse pas se nourrir. « Cette chose est sa bête d'horreur, et l'amour-propre meurt à sa vue. Cette chose, c'est la Peur. »

Le livre de *l'Homme* débute par une étude magistrale et célèbre sur l'Avarice, qui est peut-être ce qu'on a écrit de plus poussé sur le sujet. Molière et Balzac s'y sont moins profondément enfoncés qu'Hello.

Où l'on voit clairement que c'était bien la passion des idées pures qui avait fait de lui un psychologue, c'est dans les *Contes*. Il était le moins fait pour en écrire, les idées qu'il a développées ailleurs touchant le roman suffisent à l'indiquer. Les *Contes*, c'est partout de la philosophie en action, et ce n'est souvent que de la morale en action. Il suit de là que si d'aventure une passion se trouve à l'encontre des principes, il en doit devenir le psychologue terrible, et c'est ce qui arrive. Mais il déchoit de lui-même partout ailleurs, car c'est de ce qu'il flétrit qu'il tient ce qu'il a d'admirable. Dans un des *Contes*, *Ludovic*, il s'est repris à étudier l'Avarice. Il y est sublime : ailleurs il fait pitié.

D'autres sont des psychologues par amour de l'art, il est un psychologue par amour de l'Être.

La psychologie n'est impassible que si elle n'est pas sollicitée par le souci des principes, que si elle va de pair avec l'incertitude ou l'indifférence et si elle est à soi sa propre raison d'être. Au contraire, elle est troublée par les idées pures. Elle n'a plus seulement alors la passion pour objet, elle y devient sujette. Les causes premières lui sont une cause à défendre : la voilà hostile et clairvoyante. Ceux qui contemplent les idées sereines ont fait de cette science leur champ de combat.

* *
* *

Pascal n'a pu coordonner ses pensées, Hello ne l'a daigné. Les œuvres de ces auteurs, les mieux doués pour la texture des idées, sont fragmentaires. Elles expriment, dès l'extérieur, cette misère sublime de l'homme dans son aspiration à l'absolu. Elles sont essentiellement inachevées, comme la cathédrale de Strasbourg. Mais elles ont, à défaut de l'unité formelle, l'unité organique. Les pensées se rangent d'elles-mêmes à leur place dans notre esprit. Chacun des matériaux suppose et porte en lui le plan de l'édifice tout entier. Hello, du reste, avait horreur des transitions. « Ces études, écrit-il dans une préface, ont pour but de saisir l'homme dans sa forme totale, abrégée, synthétique. » C'est en quoi réside l'homogénéité de l'œuvre. On a parlé d'un plan intérieur. Bien au contraire l'ordre est extérieur au livre, dans la Vérité qui en est l'objet.

* * *

Doués incomparablement du sens de l'Unité, ils poussent le même cri.

Imaginez deux pays de même climat, de même conformation géologique et semblablement exposés au soleil, distribuez-y semblablement le passage des vents et le cours des fleuves, les mêmes aspects des lieux surgiront d'eux-mêmes du sol. Les ressemblances intimes que nous venons de relever chez Pascal et chez Hello donnent à leur style le même accent.

La foi communique à Hello la même angoisse que le doute à Pascal. La certitude inflige à l'un le même tourment qu'à l'autre l'incertitude. La vérité qu'il contemple arrache à Hello, en lui donnant la mesure de sa misère d'homme, les mêmes cris qu'à Pascal en lui échappant. La joie de celui-là ressemble à la crainte de celui-ci. L'évidence qui fuit Pascal, la splendeur qui terrasse Hello crucifient face à face ces deux suppliciés de la Vérité, admirables l'un de sourde patience, l'autre d'impatience éperdue. Ils ont « la colère de l'amour ». L'un gémit de l'impuissance de sa raison, l'autre de sa parole, et de n'avoir à soi « que son gémissement » ! Et Hello est communicatif et haletant : on dirait qu'il parle en marchant. Mais il y a du silence dans le style de Pascal.

Ces deux raisons, les plus fermes, les plus puissantes, les plus étendues, ont senti le vertige des abîmes. C'est d'être allés jusqu'au bout des forces intellectuelles de l'homme qu'ils eurent peur. Le silence des espaces effrayait Pascal. Hello rêvait de donner à Dieu dans ses hauteurs le vertige et songeait à une ironie renversée qui monterait vers lui du fond de l'abîme. Pour s'être penchés sur les gouffres, ils sont demeurés pâles.

Mais, et même chez le prophète Hello, c'est au milieu d'une déduction serrée, d'une dialectique ardue que perce leur émotion. C'en est la saveur qu'elle se découvre malgré eux et vraiment qu'elle les trahisse. Leurs pages les plus sèches se vivifient d'un souffle d'âme bref et puissant. Un cœur bat sous le granit de la pensée. Leurs œuvres sont des actes.

Comme nous voilà emportés loin de la manière renanienne qui est d'envelopper d'un réseau de paroles artificieuses l'idée délicieusement inconsistante! C'est au contraire quand ils ont sèchement exprimé des idées nettes et se sont contentés d'en juxtaposer les termes que nos deux écrivains ont été éloquents. La violence des choses emporte les mots, l'ampleur de leur voix vient de l'exactitude de leur cris. Comme leur pensée consiste en de purs contrastes, en des rapprochements inattendus, plus l'expression en est brève, plus elle est frappante. La nudité en accuse les saillies. Ils ont la logique vive du cœur, la concision de l'angoisse. « Je résume pour faire resplendir », dit Hello.

      *
  * *

Et c'est ainsi, chez eux, une faculté unique qui est tout l'homme, qui fait tout l'écrivain, le sens de l'Unité. De là leur pensée, leurs livres, leur style.

Pascal parle sur le gouffre et sa voix y sonne soudain comme un tonnerre.

Qu'est-ce qu'Hello ? Un Breton dans l'infini.

      *
  * *

Ce caractère par où ils se tiennent les rattache à une classe d'esprits qu'on nommera les *pascaliens* et dont ils sont les plus remarquables. Ce qui les désigne, c'est le don de saisir les rapports éloignés, faculté rare qui a suscité plus de savants qu'elle n'a inspiré d'artistes. Car de s'élever brusquement du fait au principe, du phénomène à la loi, c'est pour eux une fraternité avec Archimède, Newton, Papin. Et cette classe d'intelligences est formée d'une majorité non pas même de savants, mais d'inventeurs. Pascal n'a-t-il pas inventé le haquet et même les omnibus ? Dévorés en effet d'un insatiable besoin de logique absolue, il leur est aisé encore d'atteindre à la précision, lorsqu'ils appliquent leur intelligence à l'étude et aux combinaisons des phénomènes naturels, au lieu que leur netteté native se réalise plus difficilement dans l'expression de la pensée abstraite et que les voilà rejetés dans le vague par la matière même de leur spéculation, s'ils tâchent à embrasser les idées pures ou à saisir le mirage des formes. Le plus souvent, c'est aux problèmes de la mécanique que se consume leur activité cérébrale. Il y a eu moins de pascaliens dans l'histoire de l'art que dans celle de la science.

J'ai nommé tout à l'heure Joseph de Maistre : il est de la famille. C'est, avant Hello, un pascalien littéraire. Une logique brève et totale lui était familière, dont il s'était fait une manière de rhétorique. On l'imita, et ceux-là même à qui cette maîtresse faculté faisait défaut. Ainsi la rhétorique emporta la pensée et fit penser. Il se fonda en ce siècle une tradition d'écrire rudement et à l'emporte-pièce, ce qui fit à de Maistre une postérité d'écrivains mordants et prophétiques. Tel Villiers de l'Isle-Adam. Car ils atteignent, avec cette allure d'esprit, à de si étranges et si vastes concepts, que les voilà réduits à prendre le ton des prophètes pour nous les imposer.

S'il est si peu de *pascaliens* qui nous appartiennent, c'est que le mécanisme économe de leur génie rejette jusqu'à l'inutile matière de l'art. C'est qu'ils ne se contentent pas de saisir les rapports éloignés, ils ont encore la fureur de négliger tout le reste, l'entre-deux. Et tout ce qu'ils négligent, c'est tout ce qui nous passionne. Ils n'ont pas l'air de se douter qu'ils sont dans la vie. A force de concision, ils s'évadent de la sphère de Beauté. C'est par les sens en effet, par des sens combien subtils et aiguisés, que se saisissent les finesses, les nuances et les charmes, et, dans leur tête-à-tête avec l'Absolu, ils se sont fait une âme trop sévère et trop impatiente pour y consentir. Que Pascal entendit mal les poètes et combien Hello a porté sur l'art de jugements insoutenables! Ces violents assembleurs de réalités abstraites limitent en somme leur intérêt à peu de choses. Il ne leur reste plus de curiosité pour l'univers quotidien. On les connaît à tout ce qu'ils ne comprennent pas.

En définitive, les hommes de génie pratiquent tous cette méthode. Shakespeare, Bonaparte ou Pasteur se ressemblent en ce qu'ils rejettent d'un seul coup toutes les routines de pensée, tous les mauvais viatiques de notions mal acquises et d'idées mal assemblées dont nous nous embarrassons. Mais chez ceux de la famille de Pascal, une insensibilité plus parfaite, une plus absolue distraction de la vie permet d'apercevoir le mécanisme simplificateur du cerveau génial.

Or leur esprit, libéré de tout ce poids d'humanité superflue, ne dépasse encore la mesure des communes intelligences que pour se réfugier en le dualisme inévitable des contrastes supérieurs.

DE L'USAGE DE LA NATURE

IV

DE L'USAGE DE LA NATURE

Regardons ailleurs.

Le dualisme est écrit partout. C'est à cette équation suprême que la pensée religieuse vient, elle aussi, heurter son dernier effort. Comme nous avons vu l'harmonie et l'expression se disputer l'œuvre de l'artiste, nous voyons de même ceux qui s'interrogent sur le sens du monde partager depuis longtemps leur âme inquiète entre l'émoi de vivre et la tradition, entre la nature et la foi. Que de saints se sont défiés du geste de vie de la grande ensorceleuse ! Et combien des poètes panthéistes, comme Gœthe, sont païens ! Voilà donc où nous ont mené des siècles de génie et d'ascétisme. Tous les éclaircissements qu'ils nous ont si patiemment procurés reviennent encore à nous offrir un dédoublement général des aspects et à nous donner le choix entre deux tours d'esprits symétriques et inverses.

Ces deux façons d'entendre la vie ressemblent profondément à ces deux manières de faire l'œuvre d'art. Le mystique, le croyant entend bien être en possession de quelque suprême principe qui assigne à toutes choses leur valeur et leur place : c'est un harmonieux. Mais le naturaliste, mais le païen, mais l'homme de la terre, des eaux et des bois se jette en proie à l'exubérance du monde ; il n'en veut rien négliger et ne prétend que vivre le plus possible : c'est un expressif.

Or s'il arrive que quelqu'un soit supérieurement l'un et l'autre et qu'il les réconcilie en soi-même, cet homme-là a fait de sa propre vie un chef-d'œuvre. Un tel homme est une vivante merveille, un étrange phénomène de Beauté. Il se nomme François d'Assise et la Chrétienté se prend d'un tel enthousiasme, qu'elle se demande s'il ne va pas ouvrir l'ère d'un troisième Testament.

⁂

Il sied de fixer d'abord l'antithèse.

Dans l'hypothèse catholique, c'est l'épreuve d'ici-bas qu'un Dieu paraisse absent : telle est l'originalité passionnante de cette aventure, le jeu divin en quoi la vie consiste. Une volition originaire a réalisé pour nous les conditions d'un libre choix et la donnée d'une amoureuse élection. Eût-il donc été besoin de la venue parmi nous d'un Verbe révélateur, s'il n'avait fallu que nous devinssions les vivantes antithèses du monde en recevant sa loi? Le cours des lois naturelles eût suffi.

Le croyant pur, l'absolu fidèle qu'est le mystique n'ouvrira donc pas sur la nature des yeux libres, il la regardera en homme prévenu et il pliera les visions qu'il a de toutes choses à la forme de sa croyance. Tout ce qui vient du dehors, s'il s'y abandonne, il fait tort en lui à la vie intérieure.

Considérez ensuite qu'il porte au fond de

sa pensée, haute comme un ciboire, une croyance de telle gravité que sa fierté baptismale lui commande de tenir en respect toute la Création devant sa dignité d'homme racheté et devant sa lumière de chrétien enseigné.

Cette nature, il la considère encore comme un lieu d'exil : c'est une mauvaise condition pour frémir dans sa splendeur, et comme il y patiente, difficilement il accepte qu'elle lui apparaisse souriante et charmeuse. Aussi les ermites et les moines contemplatifs élurent-ils plus volontiers pour leur séjour les sites arides ou tragiques.

S'agit-il d'exercer absolument la maîtrise chrétienne de sa vie, la nature fait le vide autour de l'homme, comme l'entraînant au vertige de sa force tentatrice. Elle le distrait étrangement d'un dessein moral. Car elle n'est pas qu'un fleuve de bruissement, ni qu'un archipel de clarté, ni qu'une heure exquise qui flotte à la cime des peupliers trempant un peu de leur cime, le soir, dans la liquidité lumineuse des ciels. Elle s'accuse aussi dans l'aiguillon de la chair, elle révèle sa poussée à nos plus ordinaires mouvements et le sens même de la vie est une passion.

Le sentiment de la nature sera toujours chez un mystique dominé par une notion théologique et la théologie est cette conception harmonieuse.

Une conception naturaliste de la nature prétend au contraire et tout premièrement à saper cet échafaudage mental et à ruiner ce château d'idées. Elle nous appelle à un anéantissement à rebours et nous précipite dans tout le contraire. Le nirvanâh naturaliste, c'est en effet de se diluer en une âme universelle, de ne se sentir plus que le battement d'un cœur immense et, s'exaltant à s'effacer, de participer le plus largement au grand et indifférent phénomène de vivre. C'est une façon décidée et exclusive de subir les forces de la nature, un positivisme ému. Dès l'instant que toute signification religieuse de la vie en est écartée et qu'une moralité de préservation de l'espèce se substitue à une moralité de résurrection, il ne reste plus à l'individu que de s'ingénier à vivre de la manière la plus vivante possible.

Affranchissement donc et geste expressif !

La nature en effet veut être envisagée pour soi-même. Les impressions que l'homme en reçoit semblent fermer violemment la porte à ses investigations et c'est par la vastitude qu'elle regimbe à l'emprise de notre pensée. La multiplicité de ses lois, l'immensité de son domaine, où il faut comprendre jusqu'au labeur du cerveau qui la conçoit, la complexité de ses influences, la subtilité de ses fluides sont telles que l'intelligence est réduite à glaner en elle d'ultimes résultantes, à n'y scruter que les causes immédiates des plus infimes effets, mais que la compréhension des ensembles nous en échappe énormément dès le second degré de notre recherche. Nous sommes semblables à un homme qui vivrait au pied de la Maladetta et qui, en ouvrant sa main toute grande, n'en pourrait prendre qu'une poignée de terre. Nous sommes semblables à un homme dont le cerveau serait transpercé par le glaive d'un brin d'herbe. Nous ne nous doutons pas que les plus minces phénomènes nous font une impression écrasante, nous paralysent et nous fascinent. Or, l'homme est porté à diviniser ce qui lui demeure mystérieux, et ainsi la nature. Où ses recherches deviennent infructueuses, il pose des principes. S'il échoue, au-delà de ce qu'il voit, à en trouver la cause, il la met dans ce qu'il voit. L'insaisissable influence et l'imposante ampleur de la nature ont défié ses conceptions : il n'a plus qu'à se fier à la nature. Comme il n'en peut rien expliquer, elle lui explique tout, et la vie lui devient un fait premier, déterminant et majestueux qui le dispense de penser à la vie. De là le naturalisme et de là le panthéisme. Ils sont nés assurément des émotions naturelles de l'homme impuissant. Encore que je ne veuille point, chantant aussi pour Nathanaël la *Ronde plaisante des belles preuves de l'existence de Dieu*, médire de celle qui se tire des causes finales, je prétends qu'il faut un mouvement de pensée pure pour remonter du spectacle de l'univers à la conception d'un Créateur et qu'à s'en tenir aux impressions que l'univers nous donne, elles plaident plutôt la suprématie dernière de la nature. Ainsi furent amenées les religions antiques à en déifier les forces. Si l'homme veut voir l'univers seul à seul, face à face, sa pensée se pétrifie à cette vue comme devant le visage de cette Gorgone, dont Persée ne triompha qu'en la regardant dans un miroir. La nature, à cause de notre faiblesse, nous donne l'illusion qu'elle est sa propre fin, et il y aura toujours des philosophes *physiocrates*.

Je retiens donc que mystiques et naturalistes se divisent depuis longtemps sur une manière de sentir. Pour les uns les paysages ne seront que des états de l'âme, selon le mot répandu d'Amiel, au lieu que les autres n'apercevront l'homme que fouetté par le plein-air et noyé dans les ambiances. Ceux-ci n'estiment la nature que par rapport à l'homme, les autres le contraire. Elle est ici la Création et là la Créatrice. Les uns la pensent plutôt et les autres la sentent. Ce sont en tout cas deux esprits qui s'excluent, et voilà posé le cas de saint François d'Assise.

⁂

Je ne veux pas dire ici quel ami de Jésus et quel amant de la nature fut le Petit Pauvre. Mais qu'il ait été ensemble l'un et l'autre, cela commande l'étonnement.

De quelque côté qu'on l'aperçoive, le mouvement franciscain se révèle une aventure merveilleuse. Épopée, l'héroïque détachement qu'à des hommes de chair et d'os le saint persuada de s'imposer. Épopée, la multiplication rapide, l'émulation naïve des frères de la « joie parfaite », la conquête à la pénitence d'un siècle de fer et de sang. Épopée surtout, cette ouverture d'une ère de jeunesse au sein de la chrétienté lasse, la clôture de l'âge byzantin, l'insinuation de la vie dans les austérités de l'ascétisme, la fondation d'une nouvelle âme chrétienne, en laquelle se mariassent le plus naturellement, à toutes les émotions qu'impose à l'homme le frémissement du monde, tous les élans que du fond de l'homme suscite la foi contemplative.

Épopée philosophique, artistique, morale, conduite par un héros qui eut le dédain des livres et des spéculations au point qu'il n'avait gardé dans sa cellule que le Nouveau Testament. Encore le vendit-il pour faire l'aumône.

Il faut savoir d'abord que le Père Séraphique et ses fils furent, sauf la vénération que je leur porte, de terribles originaux. Saint François s'en allait chantant tout haut par la forêt les louanges de Dieu et il voulut un jour, par humilité, se présenter nu devant l'évêque. Il arrivait au franciscain Jacopone de Todi, le poète du *Stabat*, de se parer de vêtements bariolés et de plumes d'oiseaux pour ameuter la populace et lui prêcher la pauvreté, et si la légende a prêté à frère Junipère d'étranges excentricités, ce fut conformément sans doute au souvenir frappant qu'avait laissé au peuple le prosélytisme pittoresque des premiers franciscains. De telles gens se pouvaient attendre toute hardiesse de bien vivre et bien des surprises intellectuelles. On a dit du XIII° siècle qu'il avait été la vingtième année du Moyen Age, exprimant par là qu'il avait pratiqué toutes les vertus sauf une seule, le mesure. Saint François fut vraiment le verbe vivant de ces imaginations agiles et exaltées. Cette excessive époque appelait de ces façons, de ces sans-façons de penser.

L'Italien est aussi l'homme le plus conciliateur qui soit, et saint François le plus italien des hommes. Il est tout finesse, astuce touchante, affabilité adroite, persévérance et loquacité, sens juste et passion, droitesse serpentine. Cellini, Giotto, Filippo Lippi, Brunelleschi, saint François, ce sont des esprits de belle humeur; Macbeth et Hamlet, fantômes de découragement, ont surgi sous les ciels du Nord, où le mysticisme est une silencieuse douleur; mais l'austérité occidentale ne pèse pas sur l'Italie et il ne faut guère chercher, pour y trouver des libre-penseurs parmi les hommes d'église. La cathédrale de Sienne conserve *Trois Grâces Nues* qui n'ont jamais scandalisé personne. Dante invoque les Muses pour chanter la Vierge. Saint François se grise de la nature, en aimant Dieu. Car il est familier aux Italiens de rehausser les aspects contraires de toutes choses les uns par les autres pour évoquer la violence de la vie. Ils se plaisent à cette virtuosité, ils y mettent leur défi d'artistes. Que le grand frisson panthéiste des mondes secouât son âme, dans le même temps qu'il saignait à contempler le Séraphin six fois ailé, voilà qui n'était pas pour troubler le plus souple des élus.

La recherche de l'absolu n'est pas non plus une passion italienne. Le naturalisme du Petit Pauvre se diminue d'un grain de préciosité, son mysticisme se mitige de beaucoup d'humanité.

Évoque-t-il les animaux ou les arbres, il leur prête une justice où j'aperçois un rayon de son cœur simple. C'est attribuer à la nature une bribe de sa propre pensée que d'entendre l'hymne de Dieu dans le chant des oiseaux. C'est la regarder avec les yeux de ses idées que de chérir dans les tourterelles la ressemblance des âmes fidèles et douces. Il ne s'agit plus de la vision nue du monde. Interpeller Messire le Soleil, notre sœur la Lune, nos sœurs les Étoiles et notre sœur la Mort, c'est personnifier les forces de la nature. Nommer les eaux « humbles, précieuses et chastes », c'est parer les éléments de vertus favorites. Et exhorter gaiement son corps (*cœpit hilariter loqui ad corpus*) en lui disant : « *Gaude frater corpus* », c'est user d'une bien jolie affectation de langage. Ici l'image de l'homme jaillit des choses même qu'il regarde. En personnifiant ainsi les êtres, il trahit sa personne ; ce n'est plus simplement l'univers qu'il « transverbe », mais lui-même, et on le prendrait d'autant moins pour un naturaliste, qu'il ressemble davantage à un troubadour. D'où vient qu'un peu de préciosité soit coutumière aux mystiques ? Il n'importe. Elle est déterminée sans doute par les défaillances subites de leur pensée amoureuse. Lisez Ruijsbroeck. L'essentiel est d'y reconnaître une couleur de l'âme.

L'on sait aussi, en dépit de la merveille des Stigmates, que saint François enseignait l'activité. Non seulement il contemplait Dieu dans les délices de la vision, mais encore il communiait à lui dans l'humilité et la souffrance, qui sont les tribulations d'agir. Le dédain de la scolastique dit assez de lui qu'il n'était pas un pur spéculatif. Une tâche était imposée aux Frères mineurs ; ils gardaient dans l'Ordre leur métier ; au besoin ils en apprenaient un, l'oisiveté étant sévèrement proscrite. Comme il attendait à Brindisi le bateau qui devait le mener en Terre Sainte, Frère Égide se fit prêter une cruche et il charriait de l'eau à travers la ville en criant : « Alla fresca ! Alla fresca ! » Ici il fabriquait des paniers, là il ensevelissait les morts. Un jour à Rome il porte du bois à une dame, un autre jour il abat des noix et les distribue aux pauvres, et le cardinal Nicolas l'ayant fait attendre, il se mit à balayer sa cuisine. Qu'on ne dise pas qu'il s'agit seulement de ces œuvres de distraction que les grands fondateurs d'ordre imposent à leurs religieux pour la détente de l'esprit, savant jardinage de l'âme contemplative qu'il leur faut garder des excès de la contemplation. Saint François aime dans le travail un devoir de prédilection et se réjouit d'y fraterniser avec le petit peuple dont il est l'apôtre. L'abstention du quiétisme lui semblerait une lâcheté.

En face de l'esprit, il restaure les mœurs.

Et puis se pourrait-il qu'on dépréciât tellement en son esprit un univers où il s'agit de se mouvoir et de sauver des âmes? Le monde visible ne vaut-il pas qu'on s'en souvienne, s'il est la forêt de l'action et le champ du salut? Les yeux clos ne conviennent qu'à une vie exclusivement intérieure. Les yeux ouverts du saint, ses grands yeux dilatés regardent avidement le soleil extérieur et ses mains blessées palpent le monde pour le caresser et le bénir.

Il savait donc, ce héros mystique, l'inestimable prix de la Création et il pensait que de bouder à l'exubérance joyeuse de la terre vivante, c'eût été blasphémer le Créateur. De là sa prodigieuse influence sur la peinture italienne ; car si l'art évoque la gloire du monde et célèbre la variété du firmament, c'est à la louange de Dieu qu'il se consacre en vérité. Ainsi, avec un séraphique bon sens, ce fin patron du populaire, ce grand saint du sens commun suscita-t-il une légion de candides artistes, alors qu'il leur assurait de prêcher l'Évangile. Et tandis que saint Bernard, en proscrivant à l'intérieur des églises le luxe des images, avait libéré la sculpture gothique, rejetée à l'extérieur, saint François revivifiait la peinture en désignant aux artistes la bonté du monde et la sainteté des formes universelles.

Et puisque son œuvre consistait en une toute pratique réforme de vie et que tout s'y devait passer à bien agir, le problème se simplifiait encore pour lui de ne pas le connaître. De tout ce dont il est disputé ici, il est clair qu'il ne s'embarrassait point. De si subtiles conditions n'occupaient point son esprit : elles se mêlent à son insu et elles se jouent dans la trame de son activité qu'il poussa en chevalier et en poète, héroïquement. Car la haute fortune de sa sainteté lui vint de s'être exhorté lui-même et tous ceux qui l'approchèrent dans le merveilleux langage du Cantique du Soleil. Il vivait au son de sa parole : ce dût être une bouche bien captivante. Tant de contradictions se fondirent et s'effacèrent dans l'enthousiasme d'un verbe musical, d'une vie qui fut un verbe et une musique. Je le dis à la lettre : il a vécu un poème, et qu'il a suffi de conter : ce sont les *Fioretti*. *Qui vere monachus est nihil reputat esse suum nisi citharam*, dit Joachim de Flore, justement cité par M. Sabatier, en tête de sa précieuse histoire de saint François d'Assise. Son cas ressemble à une belle passe d'armes dont il ne faudrait point trop raisonner les coups. Il sut ignorer avec finesse les difficultés. Ce serait une erreur de nous étendre à lui chercher beaucoup de philosophie : il agissait.

Les données du problème n'en demeurent pas moins face à face, à l'opposite et persistantes. Pour facile qu'il lui ait été de le résoudre, il nous reste à voir comment, à son insu, il les démêla.

*
* *

D'un trait de génie. Par le culte de l'humilité.

Il crie vers Dieu : voilà le mystique ; il le touche du doigt dans tous les être, s'il le perçoit dans toutes les énergies de l'univers, où sa bénédiction est éparse : voilà le naturaliste. Par ainsi, mieux il se mariera à toutes choses, plus sûrement il atteindra à Dieu, et c'est par une intelligence attendrie de la Création que le miracle s'opère en lui d'un panthéisme chrétien. Mais, s'il prétendait à concilier dans sa pensée les monitions contemplatives et les règles de l'action, son effort n'y suffirait point. Voilà qui échappe; l'âme altérée de joie, le cœur brûlé d'amour n'y trouveraient point leur rafraîchissement. Il inclinerait vers une humeur douloureuse et sombre. L'admirable est d'y avoir tout simplement renoncé et de s'être ému plutôt des plus humbles destins : point de destin qui ne soit sacré. Aux généralités de la métaphysique, il a préféré l'observation des réalités sensibles et familières. C'est un mystique tout pratique, un rêveur diligent, un saint analytique.

Dès la plus grande simplicité de toutes choses, il embrasse l'ombre de Celui qu'il cherche et il le cherche à sa portée d'homme pour le trouver sans cesse. Il aperçoit son geste dans les universelles mobilités.

Il sent tiédir son souffle dans la respiration du ciel. Dans tout ce qui palpite, il écoute le battement de son cœur. Le pèlerinage humain lui est ainsi une perpétuelle extase, soutenue et illuminée par toutes les émotions humaines, je dis les plus poignantes et les plus physiques, et comme sa vie se passe comme en une vision, l'action où il se jette se transpose en une continuelle prière. La joie crue de vivre s'éblouit de sa foi. Son corps connaît ainsi les langueurs délicieuses de la prière. Une pieuse naïveté l'emporte, et quelques-uns de ses frères, par un enivrement de toutes les minutes, jusqu'au vertige de la conversation avec Jésus.

De la sorte, au lieu que d'autres s'en prennent directement à la révélation et négligent la nature, il cherche la révélation dans la nature et l'Évangile dans le grain de senevé. Il semble qu'au lieu d'aller si haut interroger Dieu, il le prie de venir jusqu'à lui. Loin de se débarrasser de l'univers en le subordonnant au Créateur, il se délivre du tourment divin en cherchant le Créateur dans les plus simples choses : il l'y découvre minutieusement, il l'y rencontre universellement. C'est comme une méthode inductive substituée à une méthode déductive. La simplicité du cœur seulement y remplace le tourment de l'esprit.

Ainsi plus chétifs sont les êtres auxquels il communie, mieux il les sent incomplets et pauvres comme lui-même, mieux il se pénètre de la fraternité qui les unit entre eux et à lui, chrétien pénitent, plus évidemment il reconnaît Jésus au besoin qu'il éprouve de se compléter en eux et de s'y réfléchir, et plus continuellement il les livre en proie à ses aspirations unitives.

Et cette échelle vertigineuse que s'efforcent à gravir les contemplatifs gémissants, il la descend d'un pied sûr, en optimiste enthousiaste.

Ce n'est pas du reste un exemple sans second que tant d'intérêt porté par un saint aux fragiles créatures. D'autres ont connu cette tendresse. On y peut voir un tour de la sensibilité mystique. Il importe toutefois d'observer que l'amour des petites créatures est issu chez eux, par de naturelles associations d'idées, d'une pratique personnelle de l'humilité et de la simplicité, de la pureté du cœur. Leur conception de l'univers leur viendrait donc d'une intuition de leur sainteté. Si, en effet, ils ne pratiquaient pleinement ces vertus, leur serait-il accordé d'éprouver sans défiance le troublant frisson de la vie, leur serait-il innocent de diffuser leur âme au royaume des Maléfices? S'il est peu de tels mystiques, c'est qu'il en est rarement d'une sainteté aussi sereine et d'une telle superbe de candeur.

*
* *

Il n'est pas médiocrement curieux, après avoir agité ces quelques pensées, d'observer que voici un problème de psychologie résolu par la pratique éminente d'une vertu. C'est une loi qu'il en va ainsi dans nos existences quotidiennes, mais il est émouvant que les relations du mystique avec Dieu n'y échappent point. Un problème de psychologie en effet, et de la psychologie du Saint, puisqu'il y va de savoir comment il sent. Non un problème de métaphysique, puisqu'il s'agit d'une incompatibilité de fait entre deux ordres de sentiments dans le cas humain, et non pas d'une contradiction essentielle.

La difficulté qu'éprouve l'esprit à concilier deux principes de vie est la raison d'être de Dieu dans nos intelligences. Il s'impose à nous par là comme le lieu des identifications. Le problème n'étant pas au fond insoluble, si l'on apporte à vivre tant de simplicité, d'humilité et de justice qu'il ne se pose point, le voilà dénoué dans une âme. *Si rectum esset cor tuum*, dit l'Imitation, *tunc omnis creatura speculum vitæ et liber sanctæ doctrinæ esset.*

Sentence qui fut consignée sans doute en cette légende de l'éternelle sagesse, non seulement pour l'édification des âmes, mais pour avertir encore du même coup les peintres, les musiciens et les poètes. Assez longtemps on nous enseigna une Beauté indifférente à toute morale. Il est véridique aussi qu'un peu de moralité supérieure, un sourire d'exquise bonté préside toujours à la naissance d'un chef-d'œuvre. Soyez le mieux doué, soyez le plus fertile, le plus alerte, le plus prestigieux des virtuoses, l'enfant gâté auquel il fut donné de gaspiller des trésors, c'est encore trop peu pour embellir suprêmement de la matière. De l'adresse et du bonheur permettent de s'approcher de la Beauté, mais ne suffisent pas tout à fait à l'atteindre. Pour franchir le dernier espace et pour entrer dans la dernière simplification, il faut encore tirer de soi quelque chose de pur et de bon, de vierge et d'intact, quelque chose d'innocent et de natal. C'est de je ne sais quel endroit immaculé de l'âme, c'est d'un certain fond secret d'humanité probe que monte la bénédiction définitive. Certes pour être aussi un grand artiste, il est nécessaire d'avoir un peu de vertu dans l'esprit [1] !

---

[1]. Le plus marquant des ouvrages contemporains sur saint François d'Assise, est l'*Histoire de saint François d'Assise*, de Sabatier (chez Fischbacher). Cette œuvre est capitale, tant par l'érudition sur laquelle elle repose que par la vigueur de pensée qui la conduit. Il convient de faire observer qu'elle est d'inspiration protestante. La thèse de l'auteur est que le Saint est l'ennemi du Prêtre.

On peut consulter encore sur le sujet :

Les poètes franciscains, d'Ozanam.
L'Histoire de saint François d'Assise, par l'abbé Le Monnier (chez Lecoffre).
L'Italie mystique, de Gebhart (chez Hachette).
Saint François d'Assise, étude sociale et médicale, par le Dr Bournet (chez Storck, à Lyon).
Nouvelles études d'histoire religieuse (passim), de Renan.
Répertoire des sources historiques du Moyen Age, par l'abbé Ulysse Chevalier : bio-bibliographie, col. 765-767 et 2588-2590 (Paris, 1 volume in-4°, 1876-1888). On y trouve toute la bibliographie des ouvrages concernant saint François.
Le *Voyage en Italie*, de Taine (une douzaine de pages).
Les *Sensations d'Italie*, de Paul Bourget.
Les *Promenades*, d'Edouard Rod.
L'Histoire de saint François d'Assise, de Chavin de Malan.
L'Histoire de l'Eglise d'Occident au Moyen Age, par Schmid.
Franz von Assisi, de Hase (traduit par Berthoud).
Le Panégyrique de saint François, de Bossuet.
Enfin des articles de Gaston Deschamps (*le Temps*, 25 mars 1891), Chantavoine (*Débats*, 9 avril 1890), Coppée (*le Journal*), Henri Mazel (*l'Ermitage*).

LE FANTOME MAGNÉTIQUE

V

LE FANTOME MAGNÉTIQUE

Si vous disposez une feuille de papier au-dessus d'un aimant et que vous y jetiez de la limaille, vous remarquez que les petits morceaux de fer se groupent plus nombreux vers les pôles. Tapotez ensuite avec le doigt sur la feuille de papier, les petits brins se déplacent, sautillent et cheminent à chaque secousse, orientant toujours leur plus grande dimension vers l'une des deux extrémités du barreau, si bien que sur la feuille de papier une figure se trace, des formes s'arrêtent et que bientôt se fixe, selon des lignes mystérieuses, le portrait des forces. C'est le fantôme magnétique.

Semblablement la société des hommes recèle une étrange énergie binaire ; elle est superposée, semble-t-il, à un aimant caché qui incline les consciences à un dualisme inconscient. Dès que plusieurs sont ensemble, un pôle nord et un pôle sud se manifestent au milieu d'eux. L'antipathie s'y déclare spontanément. Guelfes et gibelins, catholiques et huguenots, anciens et modernes, classiques et romantiques, les bleus et les blancs, c'est toujours la guerre des deux Roses qui recommence.

Il n'eût pas semblé possible, il y a quelques années, de trouver une époque qui fût, plus que la nôtre, rebelle à de ces simplifications. Nous avions, depuis cent ans, usé bien des utopies, essayé pas mal de formules politiques, abordé beaucoup de problèmes sociaux. La science, à force de découvertes inattendues, nous avait fait de l'étonnement une habitude. La variété de l'âme humaine avait fini par lasser les psychologues. L'art avait marié toutes les formes. Le criticisme avait tout pesé, tout comparé, tout jugé. Toutes les notions s'étaient mêlées, compénétrées. S'il est vrai que l'intelligence déconseille l'action, à force de tout comprendre nous devenions paresseux à nous passionner. Le matin, nous pensions comme des Celtes et le soir comme des Latins. Notre âme s'était faite l'hôtesse de toutes les âmes, curieuse d'accueillir surtout les plus diverses. Nous étions comme Mme de Sévigné qui avait un œil bleu et un œil noir. Ce qui nous manquait désormais le plus, c'était la saveur du nouveau. Notre faculté la plus agissante, celle du parti pris, semblait oblitérée et notre couleur spécifique abolie. C'était bien, ces années dernières, la fête fatiguée de l'éclectisme et du dilettantisme, le grand temps gris de la neutralité et, en un mot, le mélange de toutes les formes intellectuelles.

Il a suffi d'une goutte d'acide tombée dans ce mélange pour que la cristallisation imprévue se fît subitement : un dimorphisme irréconciliable apparut.

Pour nous révéler le double aspect de notre âme, ce fut assez d'un fait divers.

Un capitaine d'artillerie fut accusé d'avoir livré des secrets militaires à l'Allemagne. Il fut jugé et condamné. Quelques-uns prétendirent qu'il était néanmoins innocent;

d'autres continuèrent à le certifier coupable. Cela suffit. Un fait divers en somme; car n'est-il pas également ordinaire ou que des secrets d'État soient mal gardés, ou que la justice soit mal distribuée?

Si pourtant l'opinion publique finit par s'en émouvoir, ce fut qu'un jour on affirmait une chose, le lendemain une autre. Toutes les circonstances de cette affaire furent une à une révélées, contredites ou commentées. De là une infinité de petites secousses sur la curiosité publique. Les esprits, d'abord indifférents et situés au gré des circonstances qui les avaient surpris, s'orientèrent peu à peu selon leur loi secrète. Tels qui, par hasard, avaient tenu d'abord pour l'innocence se rangèrent à la culpabilité, et le contraire. Une trépidation continue polarisa bientôt toute cette poussière humaine, si bien que notre monde finit par offrir une grande image psychologique.

Cet événement comporte autant de philosophie qu'un dialogue de Platon.

*
* *

Un homme est condamné pour trahison.

Les uns sont frappés par la condamnation, les autres par la trahison.

Les premiers s'émeuvent à imaginer qu'un tel innocent a pu être condamné, les autres à penser qu'un tel coupable pourrait être innocenté.

Quant au fait lui-même, s'il est en effet coupable, il n'importe pas aux réflexions qu'il s'agit ici de déduire. Il me suffit que l'authenticité en ait été un seul instant mise en doute, pour que je me préoccupe beaucoup moins du fait que de ce doute qui lâche nos passions, de ce doute qui nous devient un prétexte à faire usage de tout nous-mêmes, de ce doute qui va être la cause de tant d'actes de foi.

L'affaire offre, ainsi considérée, deux sujets d'émotion, le cas d'un traître et le cas d'une victime. Chacun s'empare de l'un ou de l'autre selon ses affinités. Voilà deux mentalités distinctes et la France, que dis-je, l'Europe tout entière comme divisée en deux sexes.

Les uns disent : « Nous ne voulons pas laisser compromettre les intérêts vitaux du pays. » Et les autres : « Nous ne souffrirons pas qu'un innocent reste au bagne. »

Les deux langages se croisent sans se répondre : chacun s'exalte à parler le sien. Les discussions les plus serrées semblent les plus inutiles. Chacun écrit, vit et parle son poème.

On ne se contente pas d'évoquer la Justice et la Patrie; on les oppose; on les soupçonne irréconciliables.

Il n'est pas cependant malaisé d'imaginer que la Patrie puisse rendre la Justice, mais c'est moins humain.

C'est là ce qu'il y a justement d'admirable, cette passion de l'antinomie, le besoin d'une expression absolue et que cette instinctive et originelle outrance soit profonde en nous comme la source de la vie.

Ce qui exalte les uns est ce qui révolte les autres, le cas d'un seul.

Par là deux sortes d'humanités s'accusent.

Les unes tiennent pour les droits de l'individu ; nous les appellerons, si vous voulez, les humanités « expressives ».

Les autres sont déterminées par le sens de la race et impressionnées par l'esprit de corps sous toutes ses formes : ce sont des humanités solidaires ou, si vous préférez, « harmonieuses ».

Cette alternative de défendre ou la cause d'un citoyen ou celle de la cité offre à chacun l'occasion d'affirmer les idées qui lui sont le plus chères, et ce devient comme une confession générale où chacun proteste de sa plus secrète raison de vivre.

*
* *

C'est justement une heure où l'art, le théâtre et les lettres mettent aux prises deux sortes d'esprits. Depuis 1830, mais surtout depuis vingt ans, le goût de la musique, de la philosophie et des littératures septentrionales ont aiguisé en nous le sens individuel. Jamais la pensée française n'a été traversée de tant d'effluves étrangers. La personne humaine apparaît à une génération frémissante comme un monstre splendide et divin. Carlyle, Ibsen, Tolstoï exaltent un homme surmoral, Nietzsche un homme antimoral, et l'éthique quotidienne, toujours en peine de concilier des devoirs obscurs, ingrats et mélangés, leur est moins précieuse que la sublime aventure de cet être anormal « aux reins solides et au sang riche en fer », que déjà Vautrin préférait aux bonnes gens « de la sainte confrérie des savates du bon Dieu ». La personne ne leur semble belle que dans sa liberté pathétique et ils en poussent le culte jusques à en sanctifier les moindres, jusqu'à en sortir les plus insignifiantes émotions. De là, une littérature hautaine et raffinée.

Mais les gens du commun se défient de l'exception individuelle à laquelle ils n'osent aspirer. A cet esprit hardi et neuf, c'est la langue même du peuple de France qui oppose les résistances les plus tenaces. M. Fouillée fait observer avec raison qu'une langue est par elle-même « une éducation », et

Hartmann que « les formes de la langue nationale règlent les mouvements de la pensée ». Ce n'est pas en vain qu'au XVIIIe siècle la langue française a si magistralement exprimé les idées générales. Son mécanisme en a été pour toujours modifié. On a insisté trop souvent sur le caractère analytique par lequel elle est différente du latin. Envisagée en elle-même et hors de cette comparaison, elle se révèle plutôt, grâce à une forte syntaxe, propre aux déductions logiques, apte aux symétries éloquentes, éminemment constructive, et la clarté dont elle est amoureuse se rebelle contre la difficile expression des choses imprécises et des endoloris fantômes dont est toujours hanté le lieu secret de notre personne.

La belle chimère individualiste est donc en contradiction chez nous avec la tradition de la pensée classique, virtuellement continuée par l'usage populaire de la langue et de laquelle se réclament plus positivement un grand nombre d'écrivains restés fidèles aux vieilles habitudes d'esprit. Ainsi s'explique-t-il que la majorité des Français francisant, que presque tous ceux qui sont comme Coppée, Rochefort ou Barrès d'intinct national, et que la plupart encore de ceux qui ont été nourris de nos lettres françaises, Brunetière, Jules Lemaître, Doumic, Maurras, par exemple, se rangent naturellement au parti harmonieux, au lieu que ceux qui se rencontrent plutôt inquiets de la pensée cosmopolite et qui ont plus vivement senti le frisson de l'âme étrangère, la jeune littérature de la *Revue Blanche*, se comportent au contraire comme des « expressifs ».

Il y a, il est vrai, M. Anatole France. Sa culture ne l'empêche point de faire le geste « expressif ». Mais justement cet homme est une ironie. C'est un délicieux paillasse de lettres.

Si en outre, comme on peut distinguer quelque temps dans un fleuve des eaux d'origines différentes, je sépare dans l'esprit français les sources latines des sources germaniques, ou bien encore si j'oppose l'esprit précieux à l'esprit gaulois, j'aperçois encore là des dédoublements qui coïncident avec cette mystérieuse antipathie. Et peut-être qu'aussi, s'il fallait ajouter foi à des récentes hypothèses anthropologiques, les Celtes brachycéphales étaient voués d'avance, à cause de leur « esprit grégaire », à la cause harmonieuse, au lieu qu'à la revendication expressive était physiologiquement prédestinée la race des Conquérants, les dolichocéphales remuants, audacieux et investigateurs. Une question d'indice céphalique peut-être : un angle crânien serait le lieu géométrique des Droits de l'homme. Comment ne pas remarquer encore avec quel curieux ensemble les peintres dits académiques en tiennent pour un parti préoccupé avant tout de la « composition nationale ? » C'est sans doute qu'ils ont appris la solidarité dans la pratique des Salons annuels. Par contre, un artiste de mes amis reconnaît la sympathie de certains peintres pour l'accusé à une certaine composition diffuse et à un sentiment particulier de la couleur.

Tant d'indications douteuses, mais spontanées, diverses, mais parallèles, sont comme autant de lignes tremblées, qui échappent parfois à l'œil, mais qui paraissent bien courir toutes dans la même direction

Ce qu'il demeure de certain, c'est que les esprits portés aux conceptions générales saisissent là une occasion de généraliser, et que ceux au contraire que sollicite l'individualisme en profitent pour chanter la chanson de l'individu.

*
* *

Le rôle des savants dans cette affaire était tracé d'avance : ils ne pouvaient guère que s'y montrer « expressifs ». Il faut faire exception toutefois pour les mathématiciens. Un goût de la perfection se développe en effet chez eux par élégance démonstrative. Il leur est moins familier de saisir un fait sur le fait, comme il arrive dans une expérience, que d'ordonner longuement une série déductive, à quoi il faut du souffle, une grande haleine logique, et aussi de l'adresse et de la grâce. Ils dessinent leur pensée sévèrement et sans faiblesse. Le fini de leurs ouvrages, achevés jusqu'à l'exactitude, les assimile aux grands artistes, qui ne sont en vérité que des calculateurs suprêmement délicats. Beaucoup d'entre eux, du reste, sont épris de la musique classique. Les mathématiciens sont « harmonieux ».

Mais les chimistes, mais les biologistes, qui dira leur fureur individualiste? A force de pousser partout leurs recherches, ils en arrivent à ne pas accepter qu'une chose soit de leur incompétence. Ils se font citer à la barre du tribunal et la Science analyse la Justice ! « Si nous autres savants, nous n'avions pas plus de sang-froid que les juges, s'écrie à peu près M. Duclaux, si nous suivions des procédés analogues aux leurs, nous aurions bien peu de chance de découvrir la vérité. » C'est que toutes les découvertes des sciences naturelles ont été obtenues par le procédé analytique. A force de décomposer les objets de leurs études, les savants se formèrent un cerveau diviseur et destructeur, une âme d'iconoclaste. Ici on leur offre un fait à analyser : point de doute qu'il n'en restera rien.

Au reste, ce ne sont pas les chimistes seulement qui rivalisent à défendre l'accusé, ce sont tous les professionnels de l'analyse, des linguistes, des chartistes, des philologues, tous ceux qui ont donné à la critique des textes son tour le plus strictement scientifique. L'auteur d'une thèse *De Saturnio Latinorum versu* commence ainsi sa déposition devant les juges : « Une des règles les mieux fondées de la critique historique, et que nous avons souvent l'occasion d'appliquer au cours de nos études, c'est qu'un témoin, etc... » Pour se former une opinion sur les origines d'un texte attribué à tel ou tel, il en étudie grammaticalement le style, comme il ferait d'une phrase de Symmaque : on sent qu'il éprouverait quelque rare plaisir à en établir la métrique. Ce sont les mêmes qui contestent l'authenticité des poèmes homériques ou des *Dialogues* de Platon et celle d'un bordereau. Un capitaine est accusé de trahison, voilà pourquoi ils en appellent à la critique historique. Vraiment ce qu'il y eut de grave dans ce procès, c'est leur âme que tous y ont fougueusement apportée.

*
* *

Dès là que toutes les aspirations humaines demandent à cette affaire une raison de s'affirmer, les partis sociaux s'y déterminent à leur tour selon leur conception particulière de la société.

C'est uniquement dans la bourgeoisie libérale que se révèlent les grandes vocations « expressives ». De la Révolution, libératrice de l'individu civil et politique, ils se réclament. Ils fondent en effet une ligue des *Droits de l'homme.*

Telle est l'invincible vertu des idées qu'ils n'hésitent pas à faire l'alliance avec ceux dont tout le reste les sépare, avec ceux que leur société bourgeoise avait jusqu'alors traités comme des malfaiteurs et comme des bandits et qu'elle avait mis hors la loi, avec ces anarchistes qui sont des libertaires, et dont la révolte devient tout d'un coup comme un symbole aigu de leur mentalité.

Or l'on sait assez que les doctrines libérales et libertaires sont battues en brèche par ceux qui veulent nous emprisonner dans les cercles de fer de la constitution collectiviste. Ceux-là sont d'impitoyables « harmonieux ». Eux seuls, à l'heure présente, savent suffisamment ce qu'ils veulent et sont en puissance d'une doctrine positive, complète et pleinement dogmatique. Eux, c'est d'une organisation qu'ils rêvent, et de la plus hostile aux droits de la personne. Sans doute une partie d'entre eux, un parti parmi eux, ceux qui sont plus impatients du pouvoir que jaloux de l'intégrité de la doctrine s'allient aux « expressifs » : c'est affaire de tactique ou de moralité. Les théoriciens, Liebknecht, Jules Guesde, Lafargue, s'y refusent. Certes l'honneur socialiste leur défend de se faire les apologistes de cette armée dont ils réclament la suppression et dont ils ont éprouvé les coërcitions sanglantes. Mais comme leur forte organisation fait penser à sa hiérarchie ! Ils en imitent la discipline, ils en veulent égaler l'abnégation. Les secrétaires de leurs syndicats signent « pour et par ordre ». Au reste, n'a-t-on pas reproché aux plus doctrinaires d'entre eux leur « caporalisme? »

L'aveugle discipline, en effet, est cause de tout le mal, pensent les « expressifs ». D'un certain soldat qui en fut impatient, ils font un héros. Ils reprochent aussi aux juges d'avoir jugé « pour et par ordre ». S'ils s'en prennent à l'armée, c'est, il est vrai, parce qu'elle incarne la force, antithèse du droit qu'ils invoquent, mais c'est surtout parce qu'elle leur représente une hiérarchie, une entité collective, une organisation d'hommes. Ce qui les froisse, c'est au fond qu'elle soit un corps constitué. Ils en veulent aux ennemis de l'individu.

★
★ ★

On en trouverait un autre exemple dans l'attitude des partis religieux.

Il y a une Église catholique. L'universalité de ses dogmes en fait une force organisante. La théologie, comme le fait remarquer Auguste Comte, fournit aux hommes des synthèses toutes faites dans les âges où ils sont inaptes aux méthodes scientifiques. Pendant la minorité des peuples de l'Occident, l'Église a été leur tutrice ; elle leur a donné une morale et un droit ; elle leur a fourni leur notion de l'autorité, si bien que tous ces États, pour la formation desquels elle avait tout préparé, se trouvèrent un jour unis dans une grande civilisation qui s'appela la Chrétienté. Son action publique est incontestablement ordonnatrice, c'est une religion constituante. Fait curieux, elle est restée étrangère en fait au procès qui nous occupe, car je n'attache guère d'importance à la légende du P. Du Lac. Je me suis souvent demandé si cet homme existait. Vers lequel des deux partis en présence s'en va secrètement la sympathie des catholiques, cela n'est guère douteux. Du moins ils se tiennent à l'écart. Il n'importe. Il faut qu'on les mêle à un tel débat, car toute l'humanité contemporaine doit y rendre témoignage. En vain quelques-uns d'entre eux se révèlent « expressifs » : cette attitude est en contradiction avec celle du parti pour lequel leur *Credo* les désigne secrètement. On dénie donc aux catholiques le droit de s'en désintéresser; on les charge des responsabilités morales de la chose, parce qu'ils sont les fils de l'antique tradition de subordination, d'obéissance et d'harmonie.

Des Israélites, il serait inélégant de parler. C'est l'un d'eux qui est en cause. D'ailleurs, ce serait sortir de la question, qui est d'étudier les réactions de notre race dans cette affaire.

Mais au contraire tout désigne les protestants pour la révolte expressive, leur origine : une rébellion contre les abus ecclésiastiques, la pratique du libre examen qui leur est une foi et une habitude d'esprit, le souvenir de la Saint-Barthélemy et des Dragonnades qui leur fait sympathiques les persécutés, le manque aussi d'une longue tradition à laquelle se rattacher. Henri Mazel a raison de relever que les vieux protestants français, de sang national, n'ont à se réclamer ni de l'antiquité, ni même du Moyen Age, ni surtout ne peuvent chérir les derniers Valois et les Bourbons qui les ont opprimés.

Ils en sont réduits à eux-mêmes. Ce sont des évangélistes cartésiens.

Ainsi une guerre religieuse que rien, ni la proclamation d'un nouveau dogme, ni aucune entreprise confessionnelle n'eût fait prévoir, gronde et se fomente autour de ce simple événement.

Cependant le procès se termine. Les passions sont levées. Il leur faut encore leur nourriture. Quelle proie, dans ce grand quart d'heure difficile, va-t-on leur offrir à dévorer ? La plus impitoyable contemptrice de l'individu : la congrégation.

*
* *

Ainsi, entre toutes les questions que puisse se poser un homme, chacun à ce propos se pose celle qui fait l'objet de sa suprême inquiétude. Les protestants s'interrogent sur le libre examen, les lettrés sur Ibsen, les chimistes sur la méthode analytique, les patriotes sur la France. Ni l'amitié, ni l'intérêt, ni les sentiments de la famille n'empêchent que chacun n'aille du côté où il doit aller. A la façon dont votre voisin de table d'hôte parle des affaires de Chine, vous savez essentiellement ce qu'il pense du procès.

C'est l'analyse contre la synthèse, l'observation contre le système, la réalité contre l'abstraction, la critique contre le dogme, la révolte contre la discipline, l'indépendance contre les formes communautaires de la société, le cosmopolitisme contre l'esprit de race, l'espèce contre les notions générales, le sens propre contre le sens commun, l'atomisme social contre les cohésions humaines. Irréconciliablement, parce que l'homme éprouve une difficulté insurmontable à passer des opérations intellectuelles de la première série à celles de la seconde et qu'il lui est pénible infiniment d'aller de l'analyse à la synthèse à des intervalles rapprochés. Il lui est besoin, pour y parvenir, que beaucoup d'années s'écoulent, comme pour l'adoucissement de ses plus grandes douleurs. Vraiment n'apparaît-il pas ici qu'il est naturellement divisé contre lui-même et qu'il porte en soi deux foyers hostiles?

⁂

La tactique usitée de part et d'autre consacre plus fortement encore ce double caractère.

Les harmonieux, tout en acceptant la bataille sur la question de fait, à savoir si la trahison est avérée, sont manifestement sollicités par de plus larges préoccupations. De là l'argument de l'honneur de l'armée. L arguments en effet qu'ils emploient sont empruntés au sentiment ou au bon sens, qui sont toujours les deux réserves de nos idées générales. Celles-ci retentissent sur un si grand nombre de faits à la fois qu'on ne les peut tous concevoir d'une seule pensée et qu'on les ressent plutôt d'un seul coup. Le cœur est notre plus belle puissance de résumer. Ils font donc appel à notre patriotisme, à notre honneur, à la fraternité des Français authentiques. Mais quand l'adversaire, froidement critique, persiste à se tenir étroitement sur le fait, il reste d'en appeler au bon sens, qui part d'une conception rapide et sommaire des ensembles et qui, par une opération instantanée, ramasse et lie dans une gerbe des faisceaux de probabilités et des séries de conséquences. A Bouchor s'écriant qu'une guerre entre deux peuples est préférable à une seule injustice individuelle, ils répliquent que d'une telle conséquence résulteraient d'encore plus grandes injustices. Tous plutôt qu'un seul ! Ils disputent assurément sur le fait, mais en ayant toujours soin de laisser entendre qu'ils regardent au delà et que l'intérêt d'un homme ne saurait tenir la collectivité en échec. Ils couvrent Esterhazy plutôt que de découvrir l'armée. Le fait leur semble si peu de chose que le faux Henry est excusé à cause d'une héroïque intention. Il ne s'agit vraiment pour eux que de la moralité du fait.

C'est au fait en lui-même que s'attachent inflexiblement les « expressifs ». Pour échapper aux raisons qu'on leur oppose, ils se réfugient immanquablement à cette alternative : « Oui ou non, est-il coupable ? » Pour démontrer qu'il ne l'est pas, ils discutent chaque pièce du procès, ils veulent qu'on fasse la preuve et démontrer qu'on ne la peut faire. « L'analyse, avait coutume de dire M{^{gr}} d'Hulst, détruit son objet. » Rien ne résiste au nihilisme analytique. Au plus fort de la mêlée, ils se rendent compte que c'est l'esprit synthétique qui leur est opposé. « Lorsque les hommes ont commencé à raisonner en sortant des cavernes antéhistoriques, écrit M. Cornély, la première opération de leur intelligence a été de se débarrasser de la manie généralisatrice qui fausse tous les jugements. » Cependant, sans cette manie de généraliser, pourriez-vous concevoir la Justice ? Et ne voudriez-vous pas la rendre, par la même occasion, à ce pauvre diable de Flamidien ? — Pardon, vous allez encore généraliser. Il n'y a qu'une question qui vaille : oui ou non, etc... Ils ne sortent pas de là. Tandis qu'ils malmènent les généraux, ce sont les idées générales qu'ils poursuivent.

⁎
⁎ ⁎

Telle fut la crise.

Elle vint de l'impossibilité où sont les hommes de rien pouvoir incontestablement démontrer, hormis les vérités mathématiques.

C'est parce qu'on ne pouvait faire assez exactement à leur gré la preuve de la culpabilité que les « expressifs » se passionnèrent et les « harmonieux » se passionnèrent encore parce qu'on ne pouvait à leur gré faire plus exactement la preuve de la culpabilité.

La recherche de l'absolu débrida toutes les âmes ; elles s'y précipitèrent, saignantes et affolées, et vinrent se briser le front contre la porte qui ne s'ouvre pas. Alors elles firent un acte de foi.

« Oui, écrivait Jules Lemaître, il y a d'abord chez les hommes des deux camps l'amour sincère du vrai et du juste ; mais il y a, par-dessus, le désir violent que le juste et le vrai soient conformes à leurs intuitions ou à leurs déductions ; il y a le souci des grands intérêts publics ; il y a l'attachement de chacun à son sens propre. »

La chose n'alla enfin qu'à dégager fortement deux sortes d'âmes. Tout ce qu'il y a de vivace en nous contribua à les différencier : la science, le tourment social, le sens esthétique, l'inquiétude religieuse.

Ce fut vraiment une aimantation, un combat de toutes nos forces aimantes.

Il en reste seulement ceci, que les hommes en quête de l'Unité n'atteignent, dans leur effort le plus éperdu, que jusqu'au dualisme.

Un dualisme dont rien ne s'excepte, qui réclame tout et où viennent s'ordonner toutes leurs croyances, toutes leurs tendances et toutes leurs connaissances.

Quant à l'Unité, ils ne peuvent jamais poser le mot ou l'acte qui la réaliserait pleinement. Il ne leur est pas donné d'aller au-delà de l'avant-dernière opération de la synthèse.

C'est que les uns tiennent pour la petite unité, les autres pour la grande. Ceux-ci regardent l'indécomposable, ceux-là rêvent de l'infini. Il faudrait être plus qu'un homme pour concilier tout cela.

Ce fut vraiment la guerre des méthodes.

L'ART GOTHIQUE

ET L'ART IMPRESSIONNISTE

VI

L'ART GOTHIQUE
ET L'ART IMPRESSIONNISTE

Qui songe à comparer, s'il n'est botaniste, un pied de maïs à une tige de bambou ? Cependant ce sont deux plantes de la même famille. Ainsi les choses les plus diverses d'apparence s'apparentent quelquefois en secret, ne livrant que si on les interroge le mystérieux témoignage d'unité qui est en elles.

Certes, entre tant d'œuvres où s'est varié notre art national, il semble d'abord interdit de retenir dans une même pensée la Cathédrale du XIIIe siècle et la peinture impressionniste. Car il n'est pas douteux que ce soient là deux objets de dimensions différentes et d'importance inégale. Et si l'on entreprend de confronter le petit morceau de toile où palpite une minute lumineuse avec le grand vaisseau qui nous apporte, du fond de la nuit lointaine, la lourde cargaison de l'ombre d'autrefois, il paraît malaisé de trouver une commune mesure entre ces pierres devenues désormais de la couleur du temps et la libre peinture de notre temps sans architectes.

Ce serait alors par hasard qu'un jour, comme il cherchait à fixer la mobile magnificence du jour, Claude Monet aurait dressé son chevalet devant le portail de Rouen, puis qu'il y serait revenu le lendemain, et vingt autres fois encore, à l'aube, au crépuscule, par le vent, le brouillard ou le soleil, s'émerveillant à évoquer des visions neuves de la vieille chose. Ce serait simplement par un de ces hasards vains et anecdotiques, comme il s'en rencontre, que se seraient rencontrés la séculaire Cathédrale et le poète de l'éphémère !

A moins de penser que le peintre des Cathédrales se sentit en cette circonstance appelé, appréhendé, terrassé par l'apparition impérieuse et tangible de son art, réalisé en toute plénitude par ce fantôme médiéval, qui, pour l'ensorceler, se vêtait du mirage des météores. A moins de penser que le peintre qui retournait si obstinément devant ce portail, pour noter les heures somptueuses qu'il voyait passer sur les pierres, s'acharnait instinctivement à un examen de conscience et à la contemplation de sa propre pensée, affirmée, sculptée, magnifiée en deçà des temps par ces Gothiques dont il se trouvait être à son insu le fils intellectuel.

Ainsi le plus indépendant des artistes se rencontrerait spontanément assujetti à une esthétique antérieure. Nous pourrions alors surprendre ici le retour d'une de ces grandes oscillations de notre goût, successivement emporté de l'un à l'autre terme du champ de beauté.

Quelle précieuse notion d'art nous aurions acquise, si, après six ou sept cents années consacrées à nous saisir, puis à nous dessaisir de l'idéal classique, nous nous trouvions revenus à notre forme d'esprit ancienne, vérifiant ainsi, par le plus imprévu des rapprochements, et notre propre identité, et la précision des lois éternelles !

C'est ce qu'il s'agit de savoir. Mais comment le savoir, et comment, entre ceux-ci et ceux-là, faire la preuve de la fraternité ?

* *
*

Sans qu'il soit besoin d'interroger aucune œuvre, une remarque s'impose d'abord, de haute importance. L'art gothique et l'art impressionniste sont deux enfants de la même terre et leurs manifestations s'y localisent fortement. Un cercle ayant pour centre Paris et une cinquantaine de lieues de rayon, enferme les cathédrales les plus franches. L'architecture gothique étant considérée comme un système d'équilibre fondé sur la transmission des poussées, c'est dans ce cercle seulement que vous rencontrez les monument logiquement conçus. Le mouvement d'expansion part du centre et se propage vers la circonférence. Si on la franchit, on trouve encore des constructions exceptionnelles marquées de l'influence de nos architectes, comme sur le Rhin; mais le plus souvent, les architectures échappent à cette belle rigueur intellectuelle qui fait la gloire de l'Ile-de-France; elles n'en retiennent que le goût ornemental. Car en quel autre pays saurait-on rencontrer de ces bijoux, comme la petite église de Saint-Sulpice de Favières, dont est semé tout notre sol? Ainsi le gothique n'est profondément rationnel, pleinement conforme à lui-même qu'aux parages de l'Ile-de-France. Telles ces végétations qui ne connaissent toute leur ampleur que sous le climat d'origine. Et le centre de notre cercle est désigné par la basilique de Saint-Denis, qui est la première et la plus ancienne de toutes : elle fut dédiée en 1140.

Le centre et l'origine de l'impressionnisme sont à Bougival (Ile-de-France). Le déplacement de l'axe est peu sensible. C'est là qu'ils allaient peindre le soleil; ils y rencontrèrent une fée magnifiquement douce, Madone de clarté, dont le rayonnement a purifié leur palette, la Seine prestigieuse. Certains s'en sont allés ensuite jeter sur d'autres sites un regard renouvelé. Il n'importe ; c'est aux paysages suburbains, tour à tour pauvres et splendides, qu'ils ont recouvré la vision naturelle ; et c'est en les regardant avec une bonne simplicité qu'ils ont libéré leur âme.

Gothiques et Impressionnistes sont donc des hommes de la même race, impressionnés par le même pays. Il reste qu'ils appartiennent à deux époques différentes. Toutefois il serait facile d'en atténuer le contraste. Le XIIIe siècle et le XIXe, en effet, sont travaillés d'une même fièvre d'émancipation. Le mouvement impressionniste se dessine au lendemain de la Commune, de même que le gothique coïncide avec l'affranchissement des communes. Un enfantement terrible torture les deux époques. Le génie corporatif des uns n'est pas sans analogie avec l'esprit scientifique des autres. Une pensée hardie, radicale et indépendante, aussi froidement rationnelle qu'ardemment réformatrice, suscite des hommes prêts aux vastes recommencements. Si, des deux parts, l'esprit contemporain fut une humeur d'initiative et d'affranchissement, certes ils en portaient communément la marque, ceux-là qui osèrent dresser si haut la voûte nervée et ceux qui ne craignirent pas de regarder le soleil en face.

Ils ne furent pas seulement emportés vers cette double hardiesse par le génie de la race et l'inquiétude des temps : une influence extérieure en outre les y poussa et il est remarquable que l'un et l'autre mouvement d'art aient dû quelque chose à l'Orient.

L'influence de l'Orient sur le gothique n'est pas niable. L'Orient envahit l'Europe au Moyen Age par dix voies différentes. Sans évoquer les Croisades, sans parler des artistes de Byzance et de Syrie appelés par Charlemagne ni de tout ce que l'art roman s'était déjà incorporé d'ornementations orientales pour le transmettre au gothique, les Vénitiens remontent le Rhin et le Rhône, ils fondent une colonie à Limoges, ils répandent le goût des meubles, des ustensiles coloriés, des manuscrits, des tapis sarrazinois que l'on place dans les églises, ils vont jusqu'en Normandie et les étoffes qu'ils y importent influent sur la décoration des monuments de cette région; une ligne de commerce persan et arménien passe enfin par la Baltique et la mer du Nord que sillonnent les pirates.

Préoccupés d'illustrer la Bible, les artistes du Moyen Age accueillent avec empressement tout ce qui leur parle de l'histoire sacrée. Il semble en particulier que ce soit de l'Inde qu'ils tiennent ce goût des monstres et des bêtes merveilleuses qui leur fait sculpter, comme à Sens, des éléphants, des autruches, des chameaux, des griffons gardiens de trésors asiatiques et ces redents exquis de Bourges où se détaillent avec tant de finesse des monômes de singes et de perroquets. Mais ce qu'ils en reçoivent de plus notable, ce sont moins encore des motifs d'ornement qu'une disposition au symbolisme, attestée par les Bestiaires, les Volucraires, le *Physiologus*, et dont bientôt se révèle empreinte toute leur architecture, si pleine d'intentions, de sous-entendus, de pensées discrètes, de volontés secrètes.

De même qu'une première assimilation de l'art oriental avait été réalisée par le roman, précurseur du gothique, de même la peinture contemporaine connut une première fois l'influence de l'Orient vers le temps où Delacroix, Decamp et Fromentin nous révélèrent les richesses d'une autre lumière. Ce coup de théâtre qu'ils opérèrent à une époque où l'on peignait encore le paysage avec tant de timidité eut pour résultat de briser les derniers scrupules de nos grands paysagistes : Corot, Daubigny, Rousseau, Courbet. Le paysage occidental s'amplifia et s'accentua. Leur évolution terminée, l'influence de l'Extrême-Orient détermine un mouvement nouveau, décide l'impressionnisme.

L'œil le moins exercé saisira d'évidentes relations entre les perspectives de telle estampe japonaise et celles des *Parqueteurs* de Caillebotte ou d'une danseuse, ou d'un champ de courses, ou d'un *Éventail* de M. Degas. Les Japonais ont confirmé les Impressionnistes dans le dédain de tous les trompe-l'œil; ils les ont guéris de la superstition des formes nobles et des sujets prétentieux, ils leur ont enseigné le prix des choses frustes et utiles, la beauté des objets modestes, l'humilité quotidienne. Mais surtout ils leur ont constamment offert de ces audacieux assemblages de couleurs où l'on hésita d'abord à se risquer. L'œil japonais, merveilleusement apte à saisir les tons aigus, a excité nos regards paresseux à voir. A midi en été, un toit rouge, une muraille blanche, un pré vert nous apparaissent dans tout leur vierge éclat. Les Japonais, dont les estampes sont d'une si exacte fidélité, ne se montrent nullement effarouchés de cette pureté des couleurs, ils les simplifient dans une juste violence. Ils nous l'ont fait oser à notre tour. Au reste, le Japonais n'a ni métaphysique, ni poésie épique, ni grande architecture, ni sculpture, ni peinture au sens où nous l'entendons. Il est inapte aux ensembles. Au contraire, il excelle à surprendre le mouvement des choses. « D'un coup d'œil rapide, l'artiste japonais saisit les attitudes les plus fuyantes, gestes, poses et grimaces de l'être humain ; le vol des oiseaux et des insectes ; le frémissement du léger bambou ; l'agitation de la vague et des eaux en mouvement ; l'aspect de la pluie ou de la neige qui tombe, du vent qui déchiquette le feuillage et balaie la campagne¹. » N'est-ce pas là précisément le caractère de l'impressionnisme et ne s'y confond-il pas avec le japonisme lui-même?

Ainsi voilà deux arts qui naissent et qui se développent sous le même climat, sous la même influence et dans des conditions analogues. C'en serait assez déjà pour leur assurer des caractères communs, presque un air de famille, s'ils ne portaient encore en eux le surcroît d'une âme pareille.

*
* *

Ce sont d'abord deux arts expressifs. Quelles que soient la méthode, la science, la sûreté de technique d'un Robert de Luzarches ou d'un Villard de Honnecourt, leur façon de construire accuse une rupture avec la tradition gréco-romaine perpétuée par le roman, de la même façon que l'impressionnisme emporte l'aversion des poncifs et le mépris qu'on

1. Th. Duret, *Critique d'avant-garde*, p. 165.

doit aux enseignements académiques. Dans la franchise du parti que prennent ces peintres nouveaux, lorsqu'ils se campent en face d'une meule ou d'un arbre pour les peindre comme ils les voient se comporter dans la lumière, sans dessein préconçu, ne reconnaissons-nous pas ce libre esprit de nos vieux architectes, constructeurs impeccables et irréguliers, plus jaloux de la solidité que de l'effet et de l'effet que de la symétrie, et cette verdeur de vérité avec laquelle ils transportaient dans l'histoire sainte les éléments de leur vie quotidienne? Le grotesque et le ridicule ne les effrayaient même pas. Voyez à la porte du lieu saint ce petit homme couché qui n'a qu'un pied, un pied immense et charivarique dont il s'abrite comme d'un parasol, ces évêques et ces moines qui font de si drôles de grimaces en enfer, ces guivres, ces larves, ces chimères, ces gargouilles... Cela rit, cela grouille, cela parle, cela se moque, cela chante la vie, et que nous voilà loin de ces froides imaginations et de ces pompeuses ordonnances où s'endorment les lignes académiques!

Regardez maintenant ces trois personnages mémorablement laids que la rude ironie d'un Manet a érigés sur ce vert balcon où ils déflorent des gants légendaires, ces gigolos qui dansent dans le *Moulin de la Galette* de Renoir en froissant des lumières satinées, et ces femmes de M. Degas, prenant pesamment leur tub, peintes avec haine et mépris, « enlevées avec une fièvre froide ».

J'aperçois ici et là le même penchant à noter dans la vie humaine tout ce qui porte un caractère, tout ce qui fait saillie et scandale, tout ce qui est une rupture, une affirmation ou une parole, une violence, et en un mot la même impatience d'être toujours plus vertement humain.

De l'élégance des contours, du modelé, de la grâce des lignes, de la perfection du nu, ils font bon marché. « Le nu, une supériorité, et pourquoi ? Aberration mise à la mode lors du fanatisme pour les Grecs, et accréditée par l'enseignement académique. Les Grecs s'adonnèrent au nu parce qu'ils prisaient au-dessus de tout les exercices de gymnase exigeant la nudité ou presque ; affaires de mœurs et de climat[1]. »

Les Gothiques, c'est à sculpter les saintes de Chartres qu'ils dépensent leur âme, ils les effilent, ils les spiritualisent, ils les résument en d'imprenables sourires, ils les font immatérielles ; ils en amenuisent et ils en émacient les corps, autant qu'il est permis à des hommes de chair d'éliminer les effigies charnelles. Vous ne voyez pas non plus que les peintres impressionnistes soient possédés de la furie de déshabiller des femmes dans des potagers : en quoi ils se distinguent des autres. Quand la lumière caresse la chair, Renoir, certes, le sait dire avec émotion, mais ils savent avec lui que la lumière est mêmement belle autour de tout, d'une locomotive, d'un piano ou d'un plat de pommes, et ils savent aussi que c'est mensonge de rendre au pauvre corps de la femme les honneurs d'un culte exclusif. M. Degas, il est vrai, peint la chair, mais avec quel esprit ! Elle n'est plus, quand il la flagelle, que cette

---

[1]. Alphonse Germain, *Nos Primitifs du* XIIIe *siècle.* (Revue Encyclopédique.)

chair souffrante de l'Ève qui grelotte au pinacle de nos cathédrales, « de la chair déshabillée, réelle, vive, de la chair saisie par les ablutions, et dont la froide grenaille va s'amortir [1]. »

Ainsi veulent-ils seulement voir dans les choses ce qu'elles ont de rude et de brisé, de marquant et d'expressif, avec une véracité sans réticences. « La grande séduction de l'art de Renoir, c'est la vision directe, la nature regardée chaque fois avec le même désir ardent. Rien ne s'interpose entre l'artiste et le spectacle, aucun ressouvenir, aucune manière, aucune combinaison [2]. » C'est le mépris des conventions enseignées, l'horreur des techniques routinières, l'oubli de l'idéal obligatoire, la table rase, un certain cartésianisme esthétique, la colère de l'ingénuité.

*
* *

Mais s'il y a cent façons d'être expressif, il n'en est qu'une de l'être suprêmement, qui

---

1. Huysmans, *Certains*.
2. G. Geffroy, *La Vie artistique*, troisième série.

est de tout vouloir exprimer. Gothiques et Impressionnistes se ressemblent par l'universalité de leur sympathie. Les dix-huit cent quatorze statues de Chartres en témoignent, comme aussi cette superbe avec laquelle les Impressionnistes peignent n'importe quoi et entreprennent de faire de la Beauté avec toutes choses. Cette sensibilité générale de leur inspiration et cette inquiétude du monde ne dénotent pas seulement à sept cents ans de distance deux états d'esprit comparables, elles communiquent à leurs œuvres des aspects analogues, en ceci par exemple qu'elles s'exaltent les unes et les autres de la multiplicité des éléments dont elles sont faites.

Rien ne ressemble en somme comme la polychromie d'une toile impressionniste à la polymorphie d'une Cathédrale. Celle-ci ne s'enrichit pas seulement d'un peuple de statues combien vivantes et si variées; les motifs de la décoration s'y renouvellent intarissablement; les chapiteaux épandent des corbeilles de floraisons toujours neuves, jamais semblables à elles-mêmes. Point de lignes qu'ils ne veuillent varier de quelque péripétie; des crochets rompent le mouvement des frises, des rampants et des archivoltes, et nous pourrions invoquer encore les incroyables subdivisions de leurs vitraux. Mais aussi, avez-vous jamais rencontré un tableau impressionniste qui se contentât de l'immobilité des teintes plates et de la pente douce des modelés traditionnels? Ce ne sont au contraire que touches infiniment subdivisées, s'aheurtant et caquetant ensemble, le morcellement systématique des tons, l'énumération diaprée des poussières atmosphériques.

De cette multiplicité expressive les uns ne laissent rien échapper; il leur faut toute la palette. Les autres, pour ainsi dire, la sous-entendent et n'en retiennent, pour faire leur ouvrage, que les touches les plus violemment nécessaires. Car il sied, pour mesurer toute l'ampleur d'un tel mouvement, d'y rattacher encore tous ceux, Degas ou Cézanne, Carrière ou Forain, et encore la génération d'après, qui, tout en s'affranchissant d'une stricte théorie de lumière, ont part néanmoins à l'âme commune.

Ils ont tous judicieusement aperçu quelle

était la nature de notre plaisir esthétique, qui vient non d'un état, mais d'un changement d'état. Ce qu'ils envisagent dans les choses, ce n'en est donc pas seulement la couleur, ce sont les combats que se livrent le ton local et les lueurs ambiantes, c'est la seconde passagère, un épisode du phénoménisme universel. C'est de cela qu'ils s'emparent autour d'eux. La couleur qu'ils voient vibrer, ils la décomposent sur la toile en ses éléments primitifs; ils les opposent pour en répéter la palpitation; ils en machinent les rapports pour émoustiller de nouveau l'atmosphère; ils livrent à l'atmosphère son ouvrage à recommencer. Ils ne se révèlent pas seulement des évocateurs du mouvement, lorsqu'un Degas arrête au passage les gestes de la vie, ou qu'un Monet agite le grouillement d'une foule sur le boulevard, ils le sont plus radicalement encore où ils atteignent jusqu'à l'impalpable emoi de la lumière qui s'évapore, lorsqu'ils font passer sur la toile la métamorphose de l'heure, le devenir des choses, et qu'enfin ils se révèlent les peintres de l'impression.

L'impressionnisme est bien ainsi un art dynamique, à l'encontre de tant d'œuvres grécisantes dont la formule statique tient dans un vers célèbre :

« Je hais le mouvement qui déplace les lignes. »

Or c'est à déplacer les lignes qu'excelle le gothique. C'est par-dessus tout un art en mouvement. Il est superflu de rappeler le geste, l'allure, l'impétuosité de sa statuaire ; il ne connaît que la verticale et les lignes ascendantes. Un élan immense l'emporte, comme une fureur de vie l'enlève du sol. On doute de son immobilité.

De là, la plénitude de ces deux arts, qu'une santé plantureuse fleurit. Le *Déjeuner des Canotiers* respire la même vie puissante et riche, la même exubérance de sang que tous ces porches gothiques où viennent ruisseler chaque soir les vendanges du Couchant.

Tant de robustesse fait songer à ce tableau de Nicolas Poussin où deux hommes rapportent, pendue à une perche, la lourde grappe du pays de Chanaan. Le premier me semble un Gothique et le second un Impressionniste, et je les vois enveloppés tous deux dans le grand rire du Moyen Age.

⁂

Mais qu'est-il au monde de plus joyeux que la lumière ? Ils ont le démon de la lumière.

Les Gothiques jouent avec elle, ils lui font friser de toutes parts des arêtes, ils l'accrochent par de multiples incidents ; des contreforts et des arcs-boutants, ils font des piles et des arches sous lesquelles elle se divise et elle s'écoule comme un fleuve. Ils lui donnent à fouiller des gorges, des volutes et des feuillages, et pour en accumuler l'éclat, ils la reçoivent en des habitacles d'ombre.

Les Gothiques élargissent les fenêtres et fleurissent le sanctuaire de roses gigantesques : ils ouvrent de toutes parts des claires-voies. Ils aiment si éperdument les rutilances du soleil qu'ils vont jusqu'à imaginer ce prodigieux système de construction qui inutilise les murailles et autorise les verrières.

Les Gothiques travaillent, transforment, ménagent, multiplient, aiguisent, froissent, tamisent, excitent, exacerbent, acidulent, exaspèrent, convulsent et font hurler la lumière avec des raffinements incomparables; ils savent ses mœurs, son caractère et ses passions; c'est avec une science infaillible qu'ils lui assignent sur le vitrail sa plus haute intensité.

Mais ce n'est pas avec une moindre folie, ni que Manet la métamorphose à *Argenteuil* en une Seine scandaleusement bleue, ni que Renoir lustre la chair et éclabousse les étoffes avec des gouttes de soleil, ni que Monet nous offre la chronique fastueuse d'un monde illuminé.

L'assimilation même peut être serrée de très près, car il suffit que deux choses se ressemblent foncièrement pour qu'elles trahissent à chaque rencontre des identités inattendues. C'est sensiblement par les mêmes procédés que Gothiques et Impressionnistes traitent la lumière.

19*

Ils partent des couleurs simples : les fonds des verrières du XIIe et du XIIIe siècle sont franchement bleus, jaunes et rouges. Les Impressionnistes excellent de même à isoler les couleurs pures qui tressaillent parmi tous les spectacles. Qu'il y a loin de la gamme franche dont ils jouent à ces jus de cacao dont suintent les murs de nos musées ! Tandis que les Gothiques, pour éviter de salir les tons, modèlent avec des hachures, les Impressionnistes proscrivent le mélange des tons sur la palette. Les uns et les autres se contentent d'un petit nombre de couleurs, d'une gamme restreinte et éclatante. Ils se préoccupent semblablement des effets qui résultent de la réaction des voisinages. Semblablement ils exaltent les lumières vers le jaune ou les rabattent vers le violet. Semblablement ils présument la reconstitution optique et le mélange à distance, exécutant parfois avec une brutalité résolue les parties les plus délicates de leur ouvrage, qui se fondent plus loin dans un modelé très doux. Ils procèdent enfin par petites touches. Jamais de grandes surfaces monochromes.

Je vous dis qu'ils n'ont pas de goût pour la nudité. De là cette mosaïque de rubis, de turquoises et d'émeraudes dont fulgurent les roses de Paris et de Chartres. De là encore « ce vibrant des Impressionnistes, par mille paillettes dansantes », noté par Laforgue.

En réalité, ils ne manient que les couleurs qui sont les plus pleines de soleil, les plus coruscantes, les plus synthétiques, et, pour ainsi dire, les plus premières. C'est le soleil qu'ils regardent, qu'ils imitent et qu'ils avoisinent. La belle audace des Impressionnistes fut simplement de l'avoir osé peindre, et c'est de même vers lui que se tourne et que se tient attentive la Cathédrale, qui guette à l'Orient son aliment matinal !

*
* *

Si, à sept cents ans de distance, deux arts différents se ressemblent à ce point, c'est bien qu'ils sont animés de la même âme, et nous l'avons enfin approchée. Car de pousser jusque-là le culte du rayon solaire, c'est être naturaliste. « L'homme, écrit justement à propos des Impressionnistes M. G. Geoffroy, se sent le produit du Soleil. Comme tout le règne animal, comme le règne végétal, comme les pierres dont la fusion refroidit, comme les vapeurs incessamment formées, dissipées, reformées, aspirées, parties et revenues, comme les mondes épars et ordonnés, comme la moisissure des infusoires, l'homme sent sa force cérébrale, sa matière pensante en relation directe avec l'astre. La vie tout entière est issue du Soleil, croît et décroît, existe sous sa dépendance ou plutôt la vie est identique au Soleil[1]. »

C'est donc ici le vieux fonds des Celtes, le culte des forces naturelles, successivement refoulé par le droit romain et la Renaissance, qui se fait jour, et c'est en lui, dans le naturalisme, que se racinent ces deux arts. « Rien n'offre plus l'impression de la nature qu'une Cathédrale. C'est même cette qualité qui la caractérise. Nous avons observé, tour à tour, Notre-Dame et Saint-Étienne de Bourges, à toute heure du jour et de la nuit,

---

1. G. Geffroy, la *Vie Artistique*, troisième série.

au clair de lune discret comme au lumineux rayonnement du soleil, pendant les brumes de décembre. Enveloppés des gris violacés de l'hiver ou baignant dans l'atmosphère humide, teintée de vert tendre au printemps, toujours ces splendides édifices nous sont apparus comme de puissantes et luxuriantes végétations émanées de notre belle terre[1]. »

Viollet-le-Duc observe que la flore gothique dont s'ornent les Cathédrales se développe et s'épanouit d'un âge à l'autre suivant l'ordre assigné par la nature, du printemps à l'hiver. L'aspect sévère des constructions du XII° siècle imposant une sobre décoration, les architectes l'empruntent aux effets de la végétation naissante, ils sculptent des bourgeons. Les lignes élancées, la sveltesse des constructions du XIII° siècle s'accommodent des feuilles flexibles et dentelées. Le XIV° siècle, moins logique, plus libre, emploie les branchages, le XV° les chardons. La Cathédrale est pleine du frémissement des forces naturelles.

1. Baffier, *la Cathédrale de France.*

De même le mouvement qui transforme au XIXe siècle la peinture est essentiellement naturaliste. Il y avait, au fond des anciens tableaux, un accessoire sans intérêt ni importance, une ligne d'horizon, quelque douteuse verdure, un ou deux arbres insignifiants, un peu de nature incomprise et honteuse, le paysage usuel oublié dans un coin. Le printemps est venu : ces végétations ont tressailli ; elles se sont prises à pousser indiscrètement : elles se sont insinuées partout ; elles ont dérangé l'ordre du tableau ; elles l'ont rempli tout entier et s'y sont mêlées à la vie humaine. Bientôt le grand paysage a fini par attirer l'homme à lui, par le noyer dans sa vie immense, par l'absorber et par lui réassigner sa valeur zoologique et sociale, si bien qu'à la fin de cette évolution *les Meules* et *les Peupliers* de Claude Monet n'exaltent plus que le devenir éternel de la matière énigmatique et chantent de nouveau avec une singulière gravité l'hymne druidique de nos premiers âges.

Gothiques et Impressionnistes sont du reste d'accord pour emprunter les éléments expressifs au milieu géographique et au milieu social.

Le gothique doit au paysage français jusques aux lignes de la construction. La Grèce vallonnée avait inspiré aux architectes les rampants à pente douce. L'Ile-de-France, pays de plaines, leur donne l'inquiétude du relief, la prédilection des angles aigus, la frénésie de la verticale. Chaque Cathédrale demande en outre sa parure aux éléments du terroir. A Chartres, nous trouvons le type Beauceron, à Poitiers, le type Poitevin, à Paris, le Parisien. A Reims en particulier, les statues des rois apparaissaient profondément sigillées du signe de la race. Les chapiteaux reproduisent partout les bêtes du pays et les plantes qui poussent le long des murs de l'église : des bœufs, des perdrix, de la vigne, du lierre, du persil, du chou frisé, du trèfle, des pois, du cresson, de l'oseille, du plantain, du géranium, le poirier, l'érable, des feuilles d'eau.

Mais qu'il aille regarder la neige à Argenteuil ou qu'il étudie patiemment des *Pêcheurs à la ligne*, n'est-ce pas toujours le terroir même et le même terroir que Claude Monet interroge, quand il travaille en pleine nature, qu'il se fait attentif à la buée du sol et à la mobilité fragile de l'eau et qu'il les va surprendre sur place, sans rien vouloir « embellir » à l'atelier ?

Et Pissarro, si scrupuleusement réaliste, biographe de la vie de la campagne, dessinant des carrés de légumes « avec une précision de maraîcher », surveillant « les éclosions et les maturités », précepteur de l'oignon et de l'artichaut, protecteur affable de l'asperge.

Et Sisley, l'ami des arbres du territoire, l'historien de la Seine et le poète du Loing, sensible et calme comme ces peupliers qu'il fait chanter sur nos ciels clairs !

Ce sont encore les bonnes gens de leur voisinage qui ont fourni aux Gothiques leurs types de Vierges et d'Apôtres ; ce sont les bancroches et les bossus qui traînaient dans les ruelles qu'ils ont chargés d'enfoncer des clous dans les mains du Christ. De leurs épouses et de leurs sœurs, ils ont fait les saintes femmes : dans les lépreux qu'ils rencontraient, ils ont reconnu Lazare. Aux chemineaux chétifs et hâves, ils ont ouvert le Paradis. Ils pratiquent la prédilection du rustre, ils ont la curiosité du petit peuple.

Et c'est selon le même esprit vraiment que M. Degas a incisivement portraicturé des jockeys, des modistes aux mouvements de petits singes, des canailles de blanchisseuses dont les difformes appendices racontent le maniement du fer chaud et de la blague à froid, Manet, des buveurs d'absinthe, Berthe Morizot, des apparitions auréolées de modernisme et de morbidesse, et Renoir enfin, ces femmes de Renoir, puériles, gracieuses et inquiétantes, et en lesquelles « l'âme naïve de la fillette transparaît à travers le corps en formation de l'amoureuse. »

Ainsi plus les deux époques sont disparates dans le costume, le geste et les habitudes, plus ils se ressemblent en les montrant dissemblables.

*
* *

Il est enfin, entre ces artistes d'autrefois et ceux d'hier, une plus vivante et plus sûre concordance, l'accent, — mais l'accent du Nord.

Ce sont des exaltés volontaires.

Le lyrisme des Gothiques est frappant. Ils ont accompli ce miracle : une architecture enthousiaste. On en découvre partout l'artifice, soit qu'on les surprenne à passionner les nombres et à faire mentir la géométrie, comme à Poitiers où le chœur est placé sur un plan convergent pour accuser la longueur du vaisseau, comme à Reims, où ils tracèrent en lignes fuyantes les frises de l'ébrasement des fenêtres ; soit qu'ils multiplient de toutes parts les divisions jusqu'au morcellement pour accroître l'illusion de la hauteur. Aussi font-ils assez bon marché des symétries. Le contraste de deux portails les séduit plus que leur répétition. Ils inclinent le chœur de l'église du côté où retomba la tête de Jésus.

Ces rois qu'ils mettent sur les galeries de Reims et d'Amiens, bien haut sur la façade, ils leur font la tête énorme, inclinée en avant, sculptée en rudesse pour qu'elle réfléchisse de larges plans de lumière. Les figures de leurs vitraux, celle de Jacob notamment qui se voit à l'abside de Bourges, atteignent aux véridiques brutalités de la caricature. « Tout prétexte à mouvement les tente, les bas-reliefs de la cathédrale de Bourges en sont un cas curieux; ils affectionnent mettre aux prises les damnés et les diables, et c'est le drame qu'ils prisent le plus volontiers dans l'Évangile. Même foursennerie en l'ornemental. Un étonnant enchevêtrement d'animaux et de plantes, une exubérance de semis et de rinceaux. On dirait une végétation folle qui grimpe sur les voussures, tapisse les porches, volubilise les piliers, se glisse en les moindres recoins, envahit tout, enguirlandant ici, festonnant là, se déroulant en sarabande [1]. »

Il y a aussi un lyrisme des peintres.

---

1. Alphonse Germain, *Revue encyclopédique*, n° 81, p. 163.

Il consiste à relever partout le contraste des teintes, à en altérer ardemment les relations, à imaginer à tout propos quelque champ de bataille des coloris. Un gris tire sur le jaune, un autre sur le bleu ; ils affirment aussitôt le safran et le cobalt. Cela s'appuie sans doute sur une indication naturelle, mais cela dénote surtout une disposition personnelle. La méthode de décomposition colorée qui est familière aux Impressionnistes favorise cet état d'esprit : elle exige d'eux qu'ils règlent arbitrairement l'opposition des teintes, elle sollicite leur tempérament et provoque des préférences optiques. Dès l'origine, alors qu'ils prenaient possession de leur technique, ils avaient adopté de l'art cette définition devenue célèbre : « La nature vue à travers un tempérament », ce qui est bien la formule du lyrisme, et c'en est certainement encore que de demander aux spectacles évoqués de forcer leur langage, de les faire parler un peu au-delà d'eux-mêmes et d'outrer la réalité dans son propre sens, pour donner une impression. Avec quel entrain enfin, avec quelle virtuosité joyeuse ils ont tous, mais surtout Claude Monet, renouvelé sans cesse leur technique, faisant, à chaque œuvre, montre d'une habileté nouvelle. C'était peindre avec enthousiasme.

Mais le lyrisme (et c'est ici que nous voilà parvenus jusqu'à leur plus intime affinité), est tempéré chez eux par une rigueur exacte, contenu par une composition rationnelle. Ils excellent ensemble à l'équilibre des expressions aiguës, ce qui est le propre de l'âme occidentale, car c'est toute notre gloire d'être des individualistes disciplinés et des révoltés raisonnables.

Ce sont des esprits profondément semblables que ceux qui conçoivent, avec l'audace que l'on sait, un système architectonique qui repose purement sur la nervure et l'arc-boutant, et ceux qui font de l'œuvre picturale cet édifice de couleurs simples. Ici et là, c'est le même mélange de hardiesse et de sagesse; la même liberté s'enhardissant jusqu'à la même logique, le même emportement vers l'absolu. L'on sait désormais la parfaite précision avec laquelle une Cathédrale s'ordonne et la science méticuleuse qui agença l'éblouissement des verrières. Mais qu'ils ressemblent donc à ces Gothiques sobrement exaltés, les peintres qui ont écarté le sentimentalisme des sujets pour demander à la matière même de leur ouvrage toute sa force expressive, pour lui donner toute sa valeur intrinsèque. Depuis Cézanne, authentique et violent, ils n'ont plus voulu considérer le tableau que comme une surface « recouverte de couleurs dans un certain ordre assemblées[1]. » Plus une touche désormais, et surtout les plus vives, qui ne soit avec toutes les autres selon une relation nécessaire. Cela va s'accusant davantage encore chez les fils de la tradition impressionniste. Un tableau de M. Vuillard s'équilibre d'une tache suprême qui en est la clef de voûte. A mesure qu'ils font plus strictement vrai, ils retirent à la réalité de la chose représentée son importance. C'est comme une assomption de la matière, qu'ils affranchissent de la sujétion des sujets pour la faire participer à la splendeur des lois.

1. Maurice Denis.

Or que l'on construise ou que l'on peigne ainsi, c'est toujours ordonner le plus rigoureusement les éléments les plus crus, demander à chaque parcelle de matière sa vertu intégrale, agencer une héroïque économie des forces, idéaliser en utilisant, et requérir de nous enfin ce qui honore le plus vraiment les hommes, l'émotion intellectuelle. Saluons ici l'esprit fol et sûr, la pensée âpre et volontaire de l'Occident.

Ainsi est-il vérifié que tous les efforts humains dégagent toujours deux pôles mystérieux de pensée et d'action, puisque voilà que par deux fois un mouvement d'art, provoqué par une influence orientale, aboutit à nous manifester d'irréductibles Occidentaux!

*
* *

De caractère en caractère, nous venons remonter jusqu'aux plus profondes ressemblances de ces deux séries d'œuvres d'art, et nous avons fini par découvrir que ce qu'elles avaient de plus foncièrement commun, c'était, en dernière analyse, nous-mêmes, et qu'elles se ressemblaient à notre image. C'est dire que nous avons aperçu en elles l'art national de l'Ile-de-France.

Le nom de ce pays harmonieux est écrit sur la terre avec des fleuves : la Seine lumineuse et pacifique, l'Aisne, la Thève, la Beuvronne, la Marne aux eaux faciles, l'Oise qui médite sévèrement le reflet des paysages capétiens, la Bièvre, princesse de légendes. Tout est souplesse entre leurs sinuosités. Les plis de terre y ont de l'aisance, mais sont nettement tracés. La lumière y est suave, parfois un peu triste, la végétation vigoureuse. Les gens de la contrée ont l'œil bon, le souffle court, les reins solides et de la grâce moqueuse. C'est l'Attique de chez nous.

C'est de là qu'est parti le mouvement gothique pour s'étendre jusqu'au-delà du pays français. Mais les œuvres du berceau et de l'origine, celles de l'école de l'Ile-de-France, restent marquées entre toutes d'une justesse unique. On les connaît à la facilité des gestes, à la simplicité des attitudes, à l'intelligence des physionomies, à de la mesure, à de l'élégance, à un sourire. On ne trouverait pas une figure médiocre à Notre-Dame de Paris, mais on en voit qui font songer à Phidias. C'est qu'il y a un canon du Beau dans l'Ile-de-France et qu'en outre les architectes parisiens excellèrent à agencer tant d'expressive exubérance dans l'unité du goût...

La même race, heureuse et narquoise, en dépit de la sottise des temps, continue de sourire aujourd'hui. On a dit des Cathédrales du XIIIe siècle, qu'elles étaient la liberté de la presse de cette époque-là. Mais on a dit aussi de Claude Monet qu'il était le reporter de la lumière. Allons, c'est de la peinture gothique. La même joie curieuse, la même sagacité s'aperçoit sous les coloris si judicieusement équilibrés de nos Impressionnistes. Ils concernent toujours ce Parisien, sensible aux idées, bref et libre d'allures, docile et moqueur, prompt à la fois et rebelle aux excès, et beau tout de même d'un peu de vitesse d'esprit. Et puis ces petites Parisiennes de Renoir ont une grâce : on en sculpterait !

Ceci et cela, la Cathédrale et le tableau, c'est bien la même chose. Mais entre ceci et cela, il y a eu le XVII° siècle. Nous venons de mesurer ici l'amplitude d'une vibration séculaire. La précision nous en est attestée à une nuance près par le plus sensible des instruments, la grâce des Parisiens qui se répète, et par le plus délicat des témoignages, la fidélité de leur finesse.

ESTHÉTIQUE DE LA VIBRATION

VII

ESTHÉTIQUE DE LA VIBRATION

Mandolines, cors des Alpes, violons d'Italie, vibrations!

Étoiles, regards, vibrations, et la couleur des roses, et la beauté des femmes de Titien!

Quoi de plus simple? Un petit va-et-vient, deux termes unis par un mouvement, deux points mis en rapport, un chiffre qui se sensibilise, le nombre qui s'incarne dans notre chair comme sensation.

Un archet arrache une corde à la stabilité nécessaire que lui assignait la tension des lois, elle se meut aussitôt et avec une telle rapidité qu'on la voit à peine distinctement; elle s'empresse comme une folle entre les deux points extrêmes de sa course; à mesure qu'elle les rapproche, on dirait qu'une angoisse en elle diminue, et quand elle les a confondus, c'est le silence.

Si le propre de la Beauté harmonieuse, c'est de dégager une relation entre deux termes, c'est aussi en quoi consiste la vibration. Elle est faite d'un peu d'hésitation entre un lieu et un autre, et l'on en pourrait trouver sans doute une définition qui fût toute proche de celle de la Beauté, celle-ci, par exemple : une inquiétude de l'Unité.

L'homme s'attache un instant à tout ce qui vibre, à tout ce qui palpite, à tout ce qui *va et vient*. Il semble croire, dans une surprise d'un instant, que les choses échangent entre elles quelque fardeau sacré, une goutte de la sève des mondes. Il ne lui est pas besoin de compter les battements d'ailes de l'alouette, qui, sans bouger en l'air, se chauffe au soleil ou d'un insecte qui plane, immobile, sur une fleur. Ce qui l'émeut, c'est l'immobilité de tous ces mouvements qui se détruisent, c'est l'exact équilibre de ces mille coups d'aile; il est ravi qu'un petit être se puisse tenir suspendu sur un tremblement.

Dès qu'entre deux points de l'espace une

molécule tourbillonne, il éprouve vaguement
que l'âme de la matière s'affirme entre ces
deux points, qu'il y souffle une colère des
atomes et que l'amour universel y tressaille.
Toute alternance le ravit. De l'éternelle succession des nuits et des jours, il fait l'enchan-
tement de son existence éblouie. Le retour
des saisons le passionne. Le flux et le reflux
de la mer sont fascinateurs. Les savants
contemplent le mouvement du pendule, dont
l'oscillation semble, comme la pointe d'une
aiguille diligente, tisser avec du temps la
broderie universelle de l'Unité. Et le rythme
de notre cœur n'est de même qu'une lente
et régulière vibration qui soutient notre vie,
comme ses ailes l'alouette !

*
* *

Mais, ni pour percevoir la chanson des
années, la chanson des marées ou la note
profonde du balancier qui gravite, ni pour
entendre vivre notre cœur, nous n'avons

d'organes. Nous en possédons pour saisir le son et la lumière.

Ces deux sortes de sensations fournissent à l'art sa matière sacrée ; il n'en modèle pas d'autre : c'est son or. Nulle œuvre d'art ne s'adressant au toucher, ni au goût, ni à l'odorat, les professeurs de philosophie croient en rendre compte lorsqu'ils enseignent qu'il n'est de sensations esthétiques que celles qui sont désintéressées. Cela ne suffit pas. La vérité, c'est que l'homme n'étant inquiet que de l'Unité, l'art n'ordonne que des vibrations, c'est-à-dire des nombres, et qu'on ne perçoit celles des choses extérieures, ni en les touchant, ni en les goûtant, pas même quand on les respire. Il n'y a que deux sens qui comptent ce qui vibre, la vue et l'ouïe. Voilà tout. L'idée de répandre des parfums convenables pendant la représentation d'une tragédie musicale n'est donc qu'une vaine invention. Autant vaudrait s'y amuser à palper des soies de Chine appropriées aux péripéties du drame. Il y a aussi des gens qui boivent en écoutant des chansons. Les plus habiles combinaisons ne transformeront jamais les voluptés du parfum en des sensations d'art : il n'y a pas de pierre philosophale pour cela. Par contre, il suffit d'un son, d'une couleur pour nous rendre attentifs; toute vibration nous tient d'abord en arrêt. Un petit rien de couleur, une bête à bon Dieu nous semble ravissante. L'obscurité nous trouble, la lumière nous égaie. Nous cherchons d'instinct ce petit frisson, nous en aimons l'acuité.

Il y en a une infinité qui nous échappent. Que les vibrations se raréfient ou qu'elles se multiplient, elles cessent d'être perceptibles. Quel son majestueusement grave cependant nous pourrions mettre à la base de nos accords, si la conformation de l'oreille permettait de percevoir une vibration à la seconde, celle du pendule! Que n'avons-nous des oreilles pour entendre onduler la mer d'Amérique en Europe? Que n'avons-nous des yeux pour saisir la vibration des fluides animiques? Au fait, il ne faut pas blasphémer. Ce sens le plus subtil, n'arrive-t-il pas que nous l'appelions notre âme? Mais, pour limités que soient les deux organes qui perçoivent les vibrations sonores et lumineuses, c'est d'eux que l'on tient les plus précieuses nouvelles de l'extérieur. Ce qui chante, ce qui luit, ce qui vibre, voilà l'élément premier dont toute œuvre d'art est faite.

Cela va de soi, sublimement! Le but de l'art, c'est en effet de nous affecter *harmonieusement*. Quelle matière va-t-il donc réclamer pour faire son ouvrage? La parole du monde vivant, le mouvement alterné. Quel phénomène initial va-t-il requérir à l'origine de l'univers, pour s'en faire une expression? Le tressaillement intime des atomes cherchant leur *équilibre*.

* * *

Mais la vibration n'est pas seulement le point de départ de l'esthétique, elle en est aussi l'épilogue et la suprême aventure. Car la Beauté se manifeste encore par un dédoublement perpétuel des aspects et par des alternatives historiques entre lesquelles l'esprit ne connaît pas de repos. Il sied donc d'étendre la signification trop étroite de ce mot jusqu'à lui donner le sens d'une vérité supérieure, puisque la pensée esthétique, elle aussi, se révèle soumise à des vibrations. « C'est l'esprit qui voit, c'est l'esprit qui entend, moralisait Epicharme, l'œil est aveugle, l'oreille est sourde. »

Il se trouve en effet que parmi ce monde si profondément dualiste, tout se meut et ne se meut qu'entre deux pôles se dégageant partout. L'histoire de l'art est celle de cette oscillation de l'esprit entre les deux termes dont la symétrie s'offre en tous sens. L'intelligence dédouble donc les choses pour la joie d'y mettre un rapport qui les unisse. Elle les décompose pour prendre conscience de l'Unité en les recomposant. Mais elle ne le peut que si elle envisage, l'un après l'autre, très rapidement, les deux termes associés, car elle ne saurait tenir deux pensées à la fois, et les rapports les plus harmonieux, les mieux nombrés, ne sont pour elle qu'une formule de rapidité vibratoire. Littéralement, elle tremble devant la Beauté. Ne dit-on pas d'une âme sensible qu'elle est vibrante ?

Les écrivains qui aiment leur métier savent que le travail d'écrire, c'est toujours de faire tenir deux nuances dans une parole, d'y croiser deux pensées avec adresse, d'employer le mot de telle sorte qu'en surplus de sa propre signification, il reçoive du reste de la phrase une seconde noblesse, de faire frémir le verbe d'un double esprit. La justesse du beau style vient de cette plus précise accommodation des mots. C'est ainsi que Renan trame une page mélodieuse en répétant de cent façons de tels petits miracles d'unité, de la même façon que le bon et puissant sculpteur Baffier confond en une seule forme doublement heureuse la douille d'un candélabre et la fleur d'un pommier, et de telle façon que l'esprit se tienne un instant arrêté dans cette hésitation, dans ce frémissement qui est l'émoi du Beau.

Si la ligne courbe attachée à un centre comme la chèvre à son piquet, si la ligne droite, lancée vers l'infini comme un bolide, se refusent aux formes esthétiques, c'est qu'elles n'offrent à l'œil aucune « fuite », c'est qu'elles ne font point retour sur elles-mêmes, qu'elles ne sont pas serpentines et qu'elles ne vibrent pas [1].

Vibrations, les lyriques antithèses du père Hugo, où le sens des mots s'enfle et fait ventre comme une corde sonore entre deux termes opposés.

Vibrations, toutes nos métaphores faisant alterner l'esprit entre les deux figures d'une comparaison. Ce langage même dont les poètes font leurs œuvres n'est lui-même qu'un tissu de signes et de métaphores populaires, de la matière vibrante. « Si l'on disait, écrit M. Michel Bréal, cité par Remy de Gourmont [2], qu'il existe un idiome où le même mot qui désigne le lézard signifie aussi un bras musculeux, parce que le tressaillement des muscles sous la peau a été comparé à un lézard qui passe, cette explication serait accueillie avec doute, ou bien croirait-on qu'il est parlé des imaginations de quelque peuplade sauvage. Cependant il s'agit du mot latin *lacertus*, lequel veut dire lézard, et que les poètes

---

1. *Linea recta velut sola est, sed mille recurvæ.*
2. Esthétique de la langue française (*Mercure de France*, 1899).

ont maintes fois employé pour désigner le bras d'un héros ou d'un athlète. » Et Gourmont ajoute : « Cependant je viens de lire : « Elle agita ses petits bras de lézard et me dit [1]... »; alors je suis assuré qu'appeler *lézard* le bras est, aujourd'hui comme il y a des siècles, une idée qui peut entrer spontanément au cerveau par l'œil, car je connais l'auteur : il est de ceux qui tiennent à créer leurs images, et s'il a refait la métaphore latine elle-même, c'est qu'elle s'est imposée à lui, comme elle s'imposa jadis à un poète ou à un paysan romain. »

Quand les poètes lyriques veulent donner de l'*amplitude* à leur pensée, ils organisent une vibration dans la strophe, en alternant les rimes. Lisez ces vers, que je vous présente d'abord dans un ordre interverti :

Puisque j'ai mis ma lèvre à ta coupe encor pleine,
Puisque j'ai respiré parfois la douce haleine
De ton âme, parfum dans l'ombre enseveli,
Puisque j'ai dans tes mains posé mon front pâli...

Voici maintenant le texte de Hugo [2] :

1. Jules Renard, *Bucoliques*, 1899.
2. *Les Chants du Crépuscule.*

« Puisque j'ai mis ma lèvre à ta coupe encor pleine,
Puisque j'ai dans tes mains posé mon front pâli,
Puisque j'ai respiré parfois la douce haleine
De ton âme, parfum dans l'ombre enseveli... »

Les phrases sont les mêmes, l'ordre seul en est différent. On sépare les uns des autres les vers rimés ensemble : une vibration nouvelle les ordonne, une harmonique s'y ajoute et l'éclat s'en aiguise tout à coup. Tout flottement de l'esprit entre deux, voilà une séduction.

Du reste les conditions dans lesquelles l'œuvre d'art s'adresse à nous provoquent toujours en nous cet ébranlement initial qui est l'origine de la vibration. La Beauté est semblable à la Mort : elle vient comme un voleur : elle nous trouve désarmés. Si l'homme pouvait garder en face d'elle la pleine et rigide possession de soi-même, il ne connaîtrait point cet embarras délicieux, cette alternative instantanée par laquelle nous mesurons l'ampleur du Beau, il ne vibrerait pas. Mais la Beauté nous surprend au premier coup. La première fois que nous sommes au contact de l'œuvre d'art, nous passons par une minute interrogative, par un doute, par une anxiété, par un instant énigmatique où nous nous sentons tour à tour emportés à toutes les extrémités du champ qu'elle embrasse. Elle nous émeut pour nous mouvoir à la mesure qu'elle porte en elle. Tel est le rôle esthétique de la nouveauté, qui est chose si futile et si constamment nécessaire : c'est une attaque. On s'explique alors qu'elle soit plus impérieusement requise aux œuvres d'expression qu'aux ouvrages harmonieux. En ceux-ci en effet, qui sont si justement proportionnés, la vibration est plus facile, elle est déterminée à l'avance par les limites de l'œuvre, elle y est aisée et indéfinie. Le temple grec chante une fois pour toutes un son éternel. C'est la harpe d'Éolie suspendue à un arbre et qu'un peu de brise suffit à faire chanter. Mais la Beauté expressive ne se révèle que par un grand coup d'archet initial, et quand la nouveauté s'en éteint, elle ne garde de splendeur qu'autant que sa composition perpétue des alternatives harmonieuses.

Ce désarroi qui est à l'origine de toute

nos sensations de Beauté ressort plus clairement encore si on prend garde au mécanisme des deux sens esthétiques ; l'ouïe et la vue. Tandis que nos deux oreilles nous fournissent des impressions identiques, nos deux yeux nous apportent à la fois, de la même chose, deux images un peu différentes. C'est que les oreilles mesurent des phénomènes successifs et ne connaissent que du temps. Il faut qu'il s'en écoule un peu pour que l'œuvre poétique ou musicale achève de se dérouler, pendant quoi nous restons en proie à quelque incertitude. Mais c'est instantanément que les choses de l'espace, formes et couleurs, nous sont communiquées. Or nos deux yeux les regardent l'un de droite et l'autre de gauche : il en résulte une sensation un peu trouble, où nous ne remettons de l'ordre que par habitude. Ils nous laissent une décision à prendre, et, dans une certaine limite, nous voyons ce que nous *voulons* voir. Un objet dans l'espace et le même objet sur une toile ne se ressemblent jamais exactement ; ils demandent à notre vision une accommodation différente. Si nous regardons encore le bras d'une femme, ou celui d'une statue, ou les colonnes d'un temple, nous ne les voyons tourner que parce que nous les voyons deux fois différemment : c'est sur cette donnée qu'on a construit le stéréoscope. Il y a donc, au moment où nous étreignons la chose entre deux visions presque pareilles, un peu d'incertitude, à laquelle nous nous sommes déshabitués de prendre garde et qui nous laisse physiquement désarmés à l'instant de la surprise. Je crois notamment que cette disparité des yeux est d'une importance capitale en matière d'appréciation picturale. Toute vision comporte un choix qui est non seulement de choisir ce qu'on regarde, mais même préalablement de choisir ce qu'on voit. Ainsi sommes-nous d'abord livrés sans défense à l'œuvre d'art ; le temps de nous y reconnaître, nous sommes en vibration.

Il n'y a pas d'œuvre d'art qui ne suppose ainsi quelque mouvement, parce qu'il n'en est pas qui soit pleinement unifiée. L'harmonie, en nous procurant l'*illusion* de l'unité, en souligne cruellement l'absence. Ainsi s'explique la poignante gravité du Beau. L'œuvre d'art qui serait purement immobile serait une œuvre résignée, le contraire d'une œuvre d'art, une absurdité. Il n'en est pas d'ainsi faite. Les lignes, les couleurs, les sons ne sont que tendances, aspirations, affinités, mouvement. Le mouvement qui vivifie les chefs-d'œuvre n'est que la compensation de leur insuffisance. Il proteste. Il veut atténuer une dissociation. Il traduit le malaise de tout ce qu'il y manque, et puisqu'elle est faite du heurt de toutes ces forces douloureuses, la forme n'est qu'un affolement, une inquiétude sacrée, un rapide stratagème, un suprême désespoir. La forme la plus harmonieuse n'est encore que le moindre désordre.

*
* *

Le plus simple aperçu de l'histoire de l'art fait ressortir, en outre, la réciprocité des écoles différentes.

De la même façon qu'une corde, un instant

attirée à droite, se porte violemment à gauche, l'homme qui est saturé d'une notion se sent tout à coup la soif de toutes les autres, et ainsi notre sympathie connaît des renversements successifs.

L'histoire de l'art ressemble à une immense vibration qui va du Parthénon à la Cathédrale, d'Ingres à Delacroix, de Leconte de Lisle à Verlaine. Chaque mouvement en suscite un autre par réaction. Quiconque affirme une chose en nie une autre. Tout ce qui tend quelque part laisse ailleurs un vide, où notre curiosité sera sollicitée postérieurement, et tant de mouvements d'une ampleur inégale, ceux-ci d'un siècle à l'autre, ceux-là d'un an à l'autre, se combinent et se confondent comme des harmoniques.

Les Grecs reçoivent les traditions hiératiques de l'Asie et de l'Égypte, passée maîtresse dans l'art des géométriques ordonnances avant l'aube des siècles. Ils donnent partout la mesure de la perfection, dont ils aiment la magie abstraite. Quand ils en sont venus à cette sévère pureté de la forme, la nature leur fait signe, ils en observent la grâce. La vie s'insinue agréablement dans leur poésie et leur statuaire. Après Sophocle, Euripide ; après Phidias, Praxitèle ; plus tard Lysippe. L'art grec s'en va vers le réalisme. Rome recommence, comme en écho et à l'imitation des Grecs, la même chanson perpétuelle qu'elle module peu à peu du siècle d'Auguste à la décadence. Les Byzantins à leur tour, non toutefois avec le même bonheur que les vieux Égyptiens, réintègrent dans l'art la formule, recette d'harmonie. Les formes se cristallisent : une période hiératique recommence. C'est d'eux que nos ouvriers du Moyen Age tiennent leurs premiers rudiments et les premières sculptures romanes sont imitées des peintures de Byzance. Mais alors l'Occident s'affranchit. Voici le XIIIe siècle, l'expression rit et gesticule partout. La vie inonde, transforme, libère et enrichit l'art. Cet élan de vitalité se prolonge jusqu'à la Renaissance, qui d'abord ne semble que la greffe d'un nouveau Moyen Age. Car Michel-Ange, c'est bien le dernier des Gothiques, et les châteaux de la Loire doivent plus encore au vieux savoir de nos architectes et de nos ouvriers français qu'au renouveau du goût. Un siècle de plus et l'ascendant de l'antique, de plus en plus idolâtré, éteint les caprices de la sève nationale; l'énergie esthétique se renverse de nouveau, et c'est le XVIIe siècle remettant les règles en honneur et les consacrant par le génie, Poussin écrivant des paysages philosophiques, Bossuet peignant des fresques raisonnables et majestueuses, et cette tradition mène un jour à la peinture et à la sculpture académique. Mais déjà la désagrégation du système est entreprise par le XVIIIe siècle. Les humoristes et les philosophes précèdent les révolutionnaires. La pauvreté des derniers classiques et des derniers académiques provoque la réaction fatale. Le romantisme alors paraît, inversement expressif, fougueux évocateur de la vie. Puis à la fin du siècle, c'est nous. De nouveau l'heure sonne, je crois l'entendre, des simplifications probables. Et telle est l'ultime vibration qui s'accomplit. Cette immense ondulation ne ressemble-t-elle pas à la serpentine d'Hogarth, et ne dirait-on pas d'un vaste, d'un séculaire graphique de l'inquiétude humaine ? L'humanité, tendue, vibre comme une corde.

⁂

Couleurs donc et musiques, et toutes les joies de l'art, vibrations.

Rien d'esthétique comme ce petit frisson de la matière. Il mène les plus vastes mouvements de l'esprit. C'est un phénomène universel qui brille et qui gémit, l'étreinte infinitésimale de l'Unité. Toutes les choses, et l'homme avec elles, portent en soi un tourment d'équilibre dont c'est l'expression. Une force première les tend vers l'Unité ; elles la cherchent en s'agitant, quand elles l'ont perdue ; elles frémissent devant cela, et se parent du sortilège des musiques et des couleurs pour l'appeler. Elles pleurent et elles éclatent de rire en se balançant sur cette escarpolette. L'élasticité qui les passionne n'est rien que leur pure essence. C'est leur prière qu'elles disent en tremblant et l'univers qui vibre est ainsi comme une grande âme en peine.

Voilà seulement tout ce qu'il y a, la seule chose du monde et la seule affaire des temps : *deux pôles*, et puis du *mouvement* pour les confondre.

Une mobilité générale qui ne tient jamais qu'entre deux termes, c'est la vie. Il y va donc de nous donner à des alternatives et il sied de nous y balancer éperdument avec tout le poids de notre âme, car le mouvement alterné c'est le réconciliateur de l'antithèse, c'est l'abréviateur de l'anxiété dualiste, le libérateur, le grand oiseau qui emporte l'esprit, la seule chance de Beauté !

Ce qui fait la beauté de la vibration, c'en est l'instabilité même. Elle éclate ici ou là, puis elle meurt, ou bien elle se transforme. C'est un peu d'émotion qui s'échappe de partout et qui ne s'éternise nulle part. Cela se renouvelle toujours. D'où la grande fraîcheur de la nature dont l'eau courante ne croupit nulle part...

Cette buée légère, cette lueur, ce frisson, c'est le sang et la chair des chefs-d'œuvre.

Une fête anxieuse et brillante des atomes, de la musique, de la lumière, de la matière qui s'empresse, jamais satisfaite, le monde qui se partage éternellement entre d'instables attitudes, et qui se balance entre d'équivalentes erreurs, et qui se berce inutilement pour l'honneur de son essence, — la Salomé qui depuis les vieux jours de l'Orient fuit de rythme en rythme l'embarras de finir de danser, ne se résigne à nul aspect de tranquillité finale et rêve d'un tel repos qu'elle se meut sans repos.

ÉPILOGUE

DIVAGATION DE SALOMÉ

« *Le chef de ce Baptiste vaut-il un passepied? Par Lucrèce (je dis par Lucrèce Borgia, car la folle aimait à danser) il serait curieux qu'à force d'impudeur une jeune fille fit tomber la tête de ce chaste! Mordre, oui, je voudrais baiser et mordre ses lèvres de décapité, et mettre, pour une éternité de silence, l'aveu lascif dont le secret brûle mon sang dans ces oreilles où tinte encore la voix du Saint-Esprit. Mais la grâce de mon allure se peut-elle mettre en balance avec l'enjeu que je médite? La tête légendaire tombant, lourde de sa pensée, dans l'un des plateaux du trébuchet, tandis que je danserais sur l'autre!*

Danserai-je?

Hérode, mon oncle (ou du moins je veux l'admettre), imaginez pendant un quart d'heure que j'aie d'autres affaires, par exemple que j'assiste à l'incendie de la bibliothèque d'Alexandrie ou que je dépose au procès de Rennes, et vous faites conter par ma mère Hérodiade, afin de retarder un peu l'ère chrétienne, l'histoire de Philippe-Égalité, qui, pour se livrer à l'occultisme, envoya quérir à Saint-Étienne-du-Mont le cadavre de Blaise Pascal. Il sied en effet que je réfléchisse avant de déférer à votre invite. Ainsi peut-être votre distraction sera plus savoureuse d'avoir été remise et disputée, et ma volupté d'être plus consciente. Car il y va de décider en toute sagesse l'équilibre de ma personne. C'est librement qu'il me plaît d'opter entre le jeu des saltarelles et la stabilité des colonnades, à supposer que le Parthénon soit vraiment immobile. Danserais-je? Question.

Certes, me voici pensivement droite et qui, de toutes mes forces, veux ne pas remuer par hasard une fibre de ma chair. Je sais que mes jambes s'élèvent de terre fermement, comme des fûts blancs d'albâtre. Je sais aussi que sur elles mes hanches sont assises avec tranquillité, et que mes épaules tombent sans bruit selon la loi de leur chute onduleuse, et que mes seins sont si menus qu'à peine on soupçonnerait qu'ils respirent. Si je n'ai pas de cœur, cela ne se voit pas, et si quelque passion me brûle, qui pourrait le dire? Il n'y a que ma tête dont je doute tandis qu'elle y pense. Mais ne serait-ce plutôt un peu de vertige et savent-ils que j'y pense? Je crois bien que je suis immobile.

Immobiles de même ces gens qui me regardent figés d'attente, de l'attente que je ne le sois plus. L'agréable sentiment de les tenir ainsi suspendus après moi, guettant le geste que je ne ferai pas, stupides convives qui épient d'un œil congestionné le petit avenir, qu'ils croient tout proche, de mon remuement, et qui attendent mes pieds, — qui ne viennent pas! Et donc ne bougez plus, gens lourds de nourriture, tandis que je médite légère... Je danserai si je veux.

Immobile! Je me sens identique à tous les chaos définitivement accumulés. Me voici la sœur des Alpes qui reposent sur d'inébranlables géologies. Ivre infiniment de participer à la solidité de leur destin, je me sens toute remuée de ne pas remuer. C'est qu'entre toutes les pierres de leurs ravins, entre toutes leurs roches qui pendent, entre toutes les terres et toutes les racines qui se tassent sur leurs flancs, c'est l'immense étreinte de la pesanteur, c'est l'Unité, désir suprême de la matière, qui s'accomplit. De tout mon corps dont aucun muscle ne tressaille, je les sens qui persistent à jamais. Leur stabilité, notre stature dans l'espace vide, c'est l'embrassement éperdu des choses, l'abandon final dans l'harmonie réalisée, l'unique problème résolu, le dernier théorème démontré, la quiétude de l'essentielle cohésion; c'est la fête grave et silencieuse des molécules satisfaites, l'exacte insensibilité des choses en équilibre, tombées mortes, ainsi que le soldat de Marathon, quand il fut arrivé. Solidarité des atomes, solidité du monde !

Comment sortir de là, sans faire crouler le monde ? Mais, ô collines de Juda, convient-il d'abord de s'en évader ? Un abîme de disgrâce et de ridicule est peut-être au bout de mon premier pas. Quitter cet équilibre ? Pour quel *autre? Et celui-ci, pour quel autre encore? L'on n'en finirait point. Qu'il est donc fatigant de penser qu'on bougerait!*

Bah! les fleurs ne vont pas non plus à la promenade. Gardons un peu cette attitude...

Une attitude, fi! la forme de l'attente, une forme d'attente..... Mais moi, c'est de repos inexpressif, de tranquillité substantielle que j'étais éprise. Sphinx d'Égypte, continuons. — Et vous, mon oncle, prenez toujours patience et vous faites narrer l'aventure de la femme de Loth qui fut changée en statue. C'est une histoire qui ne manque pas de sel.

Combien les cariatides sont plus sereines que les statues libres! Leur raison d'être les éternise. On les sent impassiblement hautaines et fières de ce qu'elles font, bienheureuses d'être utiles. La masse qui pèse sur elles leur emprunte la fermeté du sol. Elles sont pleines de repos, elles ont la joie, elles savent la splendeur de l'Unité. L'être palpite en elles. Mais comme tu dois souffrir de ton bras relevé, petite créature au geste vain, Diane de Gabies! Qu'il serait douloureux de songer devant toi à la clameur des croisades et au bourdonnement des usines pleines de vertige et de feu. Éternellement étrangères aux idées éternelles, les voilà bien, les vaines statues, stupides de fixité, monstrueuses d'inertie, tristes d'un peu d'éternité qu'elles gaspillent, haïssables surtout pour leurs bras inoccupés : car il n'est rien de fastidieux comme des bras sans travail. Ce fut sans doute un soir d'été que la Victoire aux ailes furieuses jeta ses mains immensément dans l'infini vers où elle prenait son vol avec colère. Sans doute s'élançait-elle au-devant de sa sœur de Milo. Mais les deux vierges ne purent s'étreindre. Leurs bras étaient ailleurs où ils s'honorent sans fin de quelque labeur sacré, tandis que nous écoutons ici-bas le cri de leur splendeur foudroyée. Malheur plutôt aux statues intactes qui gardent à jamais le vœu olympien des sculpturales oisivetés, car la Grèce est morte. Manus habent, et non palpabunt : *Ne bougeons plus ! Formules des images ! — Certes il est harmonieux d'être bellement immobile, mais il est plus harmonieux encore de vivre.*

Au fait, moi que voilà, suis-je bien ici même une forme immobile ? Simulacre ! Mon sein respire, mon cœur bondit d'instant en instant. Je fais même ce rêve s'écrouler, lorsque j'y songe trop passionnément. Je leur donne à croire que je ne frissonne pas, comme si de moi-même je m'étais absentée. Mais le sang de ma chair et ma conscience me trahissent. La terre sur laquelle je suis arrêtée se dérobe toujours vers de nouveaux cieux et folâtre autour du soleil, sans compter, dit-on, que nous nous en allons vers les inabordables archipels d'Hercule. Terre de Galilée, terre qui tourne! Pourquoi m'obstiner à l'impossible possession de moi-même? Puisque je ne puis empêcher le vaisseau de danser sur la mer, pourquoi ne pas danser sur le vaisseau? Le mouvement! Tout le mouvement! Car il ne faut rien faire à demi. Le plein repos, chimère! Firmaments éternels, ouvrez donc vos espaces à l'essor de ma personne disputée. Confiez-moi, pour que j'y déploie les fastueuses métamorphoses du nombre, l'innombrable infini. Plutôt qu'il m'échappât une parcelle de ce rêve antérieur, vive un rêve différent! Place à la Bacchante! Livrez à l'amoureuse éperdue les trois dimensions de l'étendue. J'entrerai, jusqu'à en mourir, dans l'emmêlement des mondes. Toutes les formes, je les atteindrai, je les étreindrai, je les couvrirai, je les serai; tout le vide je le remplirai; tout l'azur, je le boirai. Je veux toute la joie. Platon, Shakespeare, Schumann, la petite Salomé a soif d'absolu!

Le mouvement, la catastrophe aux millions d'actes, le drame spacieux de l'Unité, l'universelle épopée de l'harmonie, la vie! La vie, c'est la danse inconnue de toute la matière en travail d'équilibre, c'est l'invention infinie d'une fin, c'est l'indomptable conquête de l'ordre, c'est le tourment de l'Unité.

Lorsqu'au lever des premières aurores, l'Elohim créa l'homme, ce fut qu'il se voulait promouvoir et pour qu'il fût un autre que lui. De là le bel Adam. Il l'aima pour qu'il en aimât d'autres et que lui-même fût tour à tour aimé par eux. Ainsi la vie s'alluma. Un primordial mobile provoqua pour jamais le tumulte successif des âmes.

Alors les hommes chassèrent les bêtes sauvages, ils bâtirent des villes, ils semèrent les uns après les autres le blé de l'an futur. De désir en désir, d'amour en amour, la vie depuis la première aube se répercute, recommence et s'enfuit à travers les âges. De là vient que les siècles s'en vont d'une seule allure, farandole inapaisée des hommes, des étoiles et des poussières. Et tel est le drame éternel du mouvement en quête d'équilibre et de la force en mal d'Unité.

O Salomé qui ne pourrais pas te baigner deux fois dans le même fleuve, sache donc que chacun de tes gestes est sacré, puisqu'il éternise la prière qui demande l'harmonie. Ni ton sourire n'est indifférent, ni la pointe de ton menu pied, si elle dessine dans l'espace des signes effacés aussitôt. Car les hommes vont et vivent, comme tu danses, toi, en allant de ceci vers cela. Mais à mesure qu'ils atteignent un lieu nouveau, un autre leur échappe : l'équilibre se rompt toujours à mesure qu'ils le réalisent. Alors ils cherchent ailleurs et de là vient qu'ils se meuvent toujours. D'obscurs mouvements qu'ils ignorent,

22

de vagues besoins qui les appellent les poussent à demander à des conjonctures nouvelles l'ordre suprême qui leur manque et qui n'y manque pas. C'est sans doute parce que la terre s'enfuit vers l'Orient que les peuples émigrent vers l'Occident, instinctivement inquiets de se retrouver en équilibre. A chaque mouvement que font les hommes, voilà que le monde se reforme autour d'eux dans un rapport nouveau et que c'est de nouveau, que c'est éternellement le premier jour de la Création...

Tu danseras donc, Salomé, pour que les choses voltigent autour de toi d'un ordre à l'autre, sachant que tu égrènes le rosaire infini des genèses éphémères. Tu te connaîtras toute légère, parce que tes pieds sont les divins associateurs du vide. Sur nul espace tu ne te fixeras nul instant, parce qu'il n'est point de position du monde qui soit définitive et que les harmonies qu'on peut faire de toutes choses sont innombrables. Mais tu courras d'attitude en attitude et tu fuiras de ligne en ligne, parce qu'il ne t'appartient pas de fuir l'inquiétude d'une cohésion suprême.

Avec toi saute une humanité et se déroulent les tourbillons de la vie, la nuée d'insectes qui bourdonne en tournant dans un rai de soleil, comme les cent mille petits soldats qui manœuvrent quinze heures pour parfaire de belles figures militaires, comme les marées qui blanchissent de longs rubans de rivages en l'honneur de la lune. C'est dans l'universel mouvement qu'il faut cueillir la Beauté. Tel un printemps millénaire dont les fleurs d'instantanéité se flétrissent et revivent subitement. Telle une bataille d'instants insaisissables. Tellement que c'est à croire que rien de tout cela n'existait... Salut donc à tous ceux qui multiplièrent l'effigie de mon inconsistance! Ah! qu'il serait passionnant de danser dans les salles du Louvre!

Salomé, je crois que tu bougeas... Qu'y puis-je? Je sens que le monde m'entraîne et qu'il ne dépend plus de moi de lutter contre la ronde générale. Debout, sonneurs de cistres, de sonnettes et de tambourins, aulètes et harpeurs, joueurs de corne et de psaltérions, pincez les cordes, frappez les cymbales : je dansais!

Je dansais, mon Dieu, doucement, rêveusement, au fil de mes songes. Ce qu'il y a de plus vrai chez une pauvre femme, c'est son prime, son plus vierge et son plus instinctif mouvement. Voilà : je dansais, j'étais humaine. Tandis que ma pensée mouvait le monde, je suivais le cours du monde et mes pieds rythmaient d'eux-mêmes ma pensée en sautant sincèrement devant elle. Et je dansais seulement pour ceci que je me sentais des jambes à vexer Jean Goujon.

L'harmonie certes, mais ah ! surtout l'expression crue et pure. Déraignons la grâce. Le souvenir du mouvement qui se termine, ce qu'il en reste, un pli de vêtement qui persiste en souvenir d'une attitude antérieure, la grâce : une harmonie ! Mais moi je sais bien que je faisais mieux, puisque je n'en savais rien, et que je dansais tout expressive, d'instinct profond, pour la curiosité et pour la verve de la vie. Le paon amoureux qui danse la pavane se doute-t-il qu'en faisant la roue devant sa bien-aimée, il darde anxieusement sur toutes les choses les vingt regards de son plumage vain — pas si vain ! — le paon qui regarde le grand Pan !

Insoucieux d'où il vient, curieux plutôt d'où il va, dévorateur du monde, l'instinctif mouvement qui vibre de curiosité, qui palpite d'avenir et qui se tend vers le geste d'après, le mouvement de tes danseuses, Degas, Renoir de ton soleil qui tremble! Et moi je danse parce que j'aime, quoi? le sais-je? Toutes choses, toutes celles que j'ignore uniquement, la première rose du Paradis terrestre que je n'ai pas respirée ou bien la force fauve de Jean-Baptiste que je n'ai pas ému, et c'est mille danses à la fois que je souhaiterais danser et de m'abstraire du parti pris d'un seul rythme, et d'absorber tous les mouvements de la terre en un seul, le mien, et d'unifier le monde à force de multiplier mon être.

Délice de n'être ici ni là, d'errer! Qu'il est matière à de subtiles intelligences en cet indéfinissable cas! Ivresse, incertitude! Être quelque chose de décevant, d'unique et de passager, entre du passé et de l'avenir qui s'arrachent un instant de vie en vous. Danser d'une lumière à l'autre, comme le jour, d'un lieu à l'autre, comme la feuille qui tombe, d'une seconde à l'autre, comme le temps limpide qui s'écoule en secret. Mêler dans sa personne des rythmes et des formes, du temps avec de l'espace. Oh! mon sang de vierge, la profonde, l'infinie, la seule vraie perversité!

Chantez, chantez plus haut, musiciens tumultueux, sonnez ensemble la seguedille des ruisselets capricants, la gaillarde des cavales qui galopent en rond par le pré, la bocane des cyclones assembleurs de nuit, la volte des pierres qui roulent tonitruantes, la sikinnis des comètes échevelées!

Je danserai ce pas en l'honneur de Degas qui ne m'attrapera pas. Ses danseuses ne tiennent pas en place; ses chevaux piaffent; on les croit toujours en allés; vraiment on n'imaginerait plus qu'ils sont encore là — c'est à faire douter du temps. Il fit prisonniers de petits brins de durée, des velléités minuscules, de petites paillettes d'un or évanoui, des morules problématiques, de la poussière d'instants. Qui a pu saisir, isoler, condamner à l'éternité des palpitations uniques? M. Degas. Qui a su fixer sur de l'espace les formes de la rapidité? M. Degas.

Saurait-il aussi bien entendre la rotation des peuples ou l'adolescence des planètes? Le Degas des planètes, c'est Dieu!

Je danserai cet autre pas en l'honneur des chanterelles démoniaques dont les vibrations enragées coupent l'air terrible, font frémir et disloquent le cœur, et des cloches angéliques dont les ondes roulent une à une lourdement dans le vent léger, et des fumées, des grandes fumées qui interminablement s'y renversent en volutes et se dispersent au gré des forces...

Je danserai cet autre en l'honneur des vieilles cathédrales, honneur aussi des forces indomptables. Depuis les vieux âges, leurs pierres sont en lutte les unes contre les autres sans que pas une ait tremblé. Elles dressent vers les cieux l'énergie originelle de la matière arc-boutée contre elle-même. Les hommes les croient pacifiques et mortes; ne savent-ils donc pas la poussée formidable qu'elles dépensent à ne pas s'ébranler? Ah! si par aventure un boulet perdu les fût venu distraire du combat de silence qu'à Saint-Denis en Ile-de-France, elles se livrent depuis l'abbé Suger, avec quel fracas de tonnerre elles se fussent écroulées ! Mais voyez plutôt l'ironie des obus. Des gens modernes ayant replacé Monsieur Saint-Denis au pinacle, l'intelligent projectile le décapita de rechef et le chef de Monsieur Saint-Denis retourna à sa destination naturelle, qui est, ô Jean-Baptiste, de voler par l'espace !

Je veux danser encore en l'honneur de la terre, sur laquelle à jamais choit la pomme de Newton. C'est d'elle que s'arrachent tous gestes, c'est vers elle qu'ils retombent, car elle est l'océan des forces où nos œuvres se perdent. En elle tout ce que nous faisons se mêle à ce qu'agissent toutes les créatures vivantes. Il n'est rien, pas un sourire de nous, qu'elle n'emploie. Peut-être, s'il me prenait fantaisie d'effeuiller en dansant la rose de Judée qui saigne en mes cheveux noirs, qu'un soir au fond des temps s'éveilleraient les volcans d'Auvergne. Des pas légers, des pas discrets en l'honneur de la terre en qui nous épousons l'universelle agitation et de qui monte en nous, comme un sang qui brûle, le désir de tout connaître ! Je veux tout voir, tout sentir, tout savoir... J'exige tout. Que pas un lieu de l'espace ne soit sans connaître la tiédeur de mes seins ! Que toutes les heures de tous les temps soient déflorées par ce rythme. C'est à toutes choses que prétend mon amoureuse mobilité. J'ai la fièvre vivante; la terre, toute la terre tressaille en moi, et tous les siècles. J'ai la fureur de tout aimer !

Vous donc, sonneurs de cistres, de sonnettes et de tambourins, aulètes et harpeurs, joueurs de corne et de psaltérions, silence en vérité pour ce qu'il me reste à crier du fond de mes entrailles !

J'ai droit à tout, Hérode, puisque je danse, et je veux de toi le don le plus insoupçonné. C'est l'impossible amant que je réclame, et de l'aimer par delà tout amour et d'assouvir ma luxure de vierge dans la tiédeur de son sang sauvage.

Pour consommer une harmonie qui soit égale à l'univers et à l'éternité des temps, je requi   qu'ils recèlent de plus rare, la forme   plus différente de la mienne ; je choisis de combler l'abîme le plus vaste. Héritière *de tout par la promesse, je demande ceci par exemple :*

LA TÊTE PÂLE DU BAPTISTE !

Car telle fut ce soir la figure essentielle que précisa pour l'éternité ma logique souplesse..... »

TABLE DES MATIÈRES

LIVRE I

UNITÉ

I. — DE LA BEAUTÉ	9
II. — HARMONIE	23
III. — EXPRESSION	65
IV. — MOUVEMENT	95
V. — DOULOUREUSEMENT	125
VI. — ... VERS LA SIMPLICITÉ	151

LIVRE II

DUALISME

I. — DUALISME	179
II. — VERLAINE OU LE SCRUPULE DE LA BEAUTÉ	203
III. — UN PASCALIEN : ERNEST HELLO	227
IV. — DE L'USAGE DE LA NATURE	253

V. — LE FANTOME MAGNÉTIQUE 279
VI. — L'ART GOTHIQUE ET L'ART IMPRESSIONNISTE 309
VII. — ESTHÉTIQUE DE LA VIBRATION................ 349

ÉPILOGUE

DIVAGATION DE SALOMÉ............................ 373

TOURS, IMPRIMERIE DESLIS FRÈRES, RUE GAMBETTA, 6.

MERCVRE DE FRANCE

XV, RVE DE L'ÉCHAVDÉ. — PARIS

paraît tous les mois en livraisons de 300 pages, et forme dans l'année 4 volumes in-8, avec tables.

Rédacteur en chef : ALFRED VALLETTE.

Littérature, Poésie, Théâtre, Musique, Peinture, Sculpture, Philosophie, Histoire, Sociologie, Sciences, Voyages, Bibliophilie, Sciences occultes Critique, Littératures étrangères, Portraits, Dessins et Vignettes originaux

REVUE DU MOIS

Epilogues (actualité) : Remy de Gourmont.
Les Poèmes : Pierre Quillard.
Les Romans : Rachilde.
Théâtre (publié) : Louis Dumur.
Littérature : H. de Régnier, R. de Gourmont.
Histoire : Marcel Collière.
Philosophie : Louis Weber.
Psychologie : Gaston Danville.
Science sociale : Henri Mazel.
Questions morales et religieuses : Victor Charbonnel.
Sciences : Dr Albert Prieur.
Archéologie, Voyages : Charles Merki.
Questions coloniales : Carl Siger.
Romania, Folklore : J. Drexelius.
Bibliophilie, Histoire de l'Art : R. de Bury.
Ésotérisme et Spiritisme : Jacques Brieu.
Chronique universitaire : L. Bélugou.
Les Revues : Charles-Henry Hirsch.
Les Journaux : R. de Bury.
Les Théâtres : A.-Ferdinand Herold.
Musique : Pierre de Bréville.

Art moderne : Émile Verhaeren.
Art ancien : Virgile Josz.
Publications d'art : Y. Rambosson.
Le Meuble et la Maison : Les XIII.
Chronique du Midi : Jean Carrère.
Chronique de Bruxelles : G. Eekhoud.
Lettres allemandes : Henri Albert.
Lettres anglaises : Henry.-D. Davray.
Lettres italiennes : Luciano Zuccoli.
Lettres espagnoles : Ephrem Vincent.
Lettres portugaises : Philéas Lebesgue.
Lettres hispano-américaines : Eugenio Diaz Romero.
Lettres brésiliennes : Figueiredo Pimentel.
Lettres russes : Adrien Souberbielle.
Lettres polonaises : Jan Lorentowicz.
Lettres néerlandaises : A. Cohen.
Lettres scandinaves : Peer Eketræ.
Lettres hongroises : Zrinyi Janos.
Lettres tchèques : Jean Otokar.
Variétés : X...
Publications récentes : Mercure.
Échos : Mercure.

A BONNEMENT

France		Étranger	
UN AN	20 fr.	UN AN	24 fr.
SIX MOIS	11 »	SIX MOIS	13 »
TROIS MOIS	6 »	TROIS MOIS	7 »

ABONNEMENT DE TROIS ANS
avec prime équivalant au remboursement de l'abonnement

France : 50 fr. | Étranger : 60 fr.

La prime consiste : 1° en une réduction du prix de l'abonnement ; 2° en la faculté d'acheter chaque année 20 volumes de nos éditions à 3 fr. 50, *parus ou à paraître*, aux prix absolument nets suivants (emballage et port *à notre charge*) :

France : 2 fr. 25 | Étranger : 2 fr. 50

Tours. — Imprimerie DESLIS FRÈRES, 6, rue Gambetta.

www.ingramcontent.com/pod-product-compliance
Lightning Source LLC
Chambersburg PA
CBHW050422170426
43201CB00008B/500